ハーフタイム

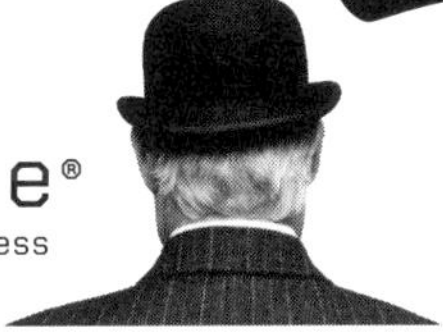

Halftime®
Moving from Success to Significance®

Bob Buford
ボブ・ビュフォード 著
飯島延浩 解説
井坂康志 訳

「成功」から「意義」へ人生をシフトする

東洋経済新報社

目次

第II部　ハーフタイム

第III部 後半戦への跳躍

【推薦の言葉】

人生の前半・後半の両方にいる人に読まれるべきである。私の子供が社会人になり、プロとしての階段を上るときに読んで、人生を考える道しるべとされんことを望む。また、人生の後半戦に差しかかった人こそ、読み返すべきである。この本は、読者に行動を起こさせ、その動きによって、自己、家族、地域社会、そしてそれらをつくるものに巨大な奉仕をなすよう仕向けてくれる。

ピーター・H・クールズ
（モルソン・クアーズ・ビバレッジ・カンパニー取締役副会長）

感動的な本だ。真に傑出した人物の心と頭脳から生まれたものであり、人生の後半戦に意味と充実を見出す方法という、わが社会が切実に必要とすることに取り組んでいる。端的に言えば、成功から意義へと躍進する方法の本だ。

スティーブン・R・コヴィー
（コヴィー・リーダーシップ・センター）

ボブ・ビュフォード氏は、成功から意義への躍進を果たした稀有な一人である。本書は、残された人生を最高のものにする方法を教えてくれる。私の教会のすべての人々にこの感動的な物語を読んでほしいと願う。

リック・ウォレン（サドルバック教会牧師）

ボブのアプローチは、彼のような同じクリスチャンのビジネスパーソンに見られる固有の方法で、真実の思いや感情を正面から打ち出している。

スティーブン・S・ライネムンド（ペプシコ社元会長兼CEO）

ボブ・ビュフォードは、「人生の前半戦は成功の探求、後半は意義の探求だ」と言う。ボブは前者をなしとげ、後者をわれわれに示してくれたことを知るべきである。本書は、ユニークで、刺激的で、実用的である。この本を読んで、強く生き抜きたいものである。

マックス・ルケード（ベストセラー『グローリー・デイズ』（未邦訳）著者）

ボブの本は、私たちが仕事や人生に対する接近法に抱く歯がゆい疑念に耳を傾けさせ、やさしい文体で、よき選択肢を示し、行動への勇気を与える。

デニス・バッケ（イマジン・スクール共同設立者）

人生にさらなる充実感を求めながらも、次の勝利、次の売上げ、次の克服、あるいは収益増からは生まれないことに気づいている成功者のためのものである。ボブ・ビュフォードをガイドとして、最高の年月を確かなものとしてほしい。

ケン・ブランチャード（『1分間マネジャー』共著者）

ビュフォード氏は、心の奥底にある一人ひとりの部屋に向けて書いている。四〇歳を過ぎたばかりの私にとって、『ハーフタイム』は、レース半ばで息切れしつつ、最後の力を絞り出そうとする者への清涼な一杯の水である。

デビッド・G・ブラッドレー
（アトランティック・メディア・カンパニー会長）

ボブ・ビュフォードの『ハーフタイム』は、力強いメッセージであるだけではない。行動を後押しする。誠実であり、また実用的であり、感動的で説得力がある。より良き明日のために、人生の物語と哲学をシェアしてくれたボブに感謝したい。

マイケル・J・カミ（戦略的経営コンサルタント）

情熱を目的に、成功を意義に、人の群れを共同体に結びつけたい、あるいは結びつけ直したいと願うすべての人々にとって、ボブ・ビュフォードの言葉と人生は、私たちが信じるものに従って生きる方法を学ぶ麗しい呼び声となる。最も深い意味で、彼の人生は「再び作り直された」ものであり、第一の忠誠心によって見事に形作られた人生である。

ドン・フロー（フロー・モータース社社長）

自己の時間と才能を神と世界の人々のために用いる人物の内面を詳《つまび》らかにする。神は何世紀にもわたって、善良な心を持つ男女を特に祝福してこられたが、ボブはまさにその人である。本書のメッセージは貴重な貢献となるだろう。

ダグラス・E・コー
（ワシントンD.C.での業務を通じて多くの議員と親密な関係を築いた人物）

私が子供たちに贈る本だ。

マックス・デプリー
（ハーマン・ミラー社会長、『リーダーシップ・ジャズ』（未邦訳）『響き合うリーダーシップ』著者）

私は長年にわたり、キリスト者には大きな夢、計画、祈りをもって、神の偉大な命に従うよう勧めてきた。ボブ・ビュフォードは、事業への感性とキリストへの献身をもとに、読者自身がそれらを実行できるよう支援する。真に意義ある人生を送るために、神から与えられたものをすべて掛け合わせるよう、あなたを奮い立たせてくれるだろう。

ルイス・パラウ（ルイス・パラウ協会）

ビジネスの華々しい成功が、他者への奉仕の華々しい価値へと躍進することを説く、心ときめく物語である。この本には、ボブ・ビュフォードの哲学のみならず、多くのめくるめく豊かな哲学者の精神の旅路が引用されてもいる。この本は、人生の前半戦と後半戦を生きる人たち、心温まる自分だけの人生の旅を愛するすべての人たちの本である。

フランシス・ヘッセルバイン（リーダー・トゥ・リーダー・インスティテュート代表兼ＣＥＯ）

ボブ・ビュフォードの人生のおかげで、たくさんの豊かで若々しい支配者が天国に行くことになるだろう。今、彼は、いたずらに年齢を数え上げるのをやめる方法、時間を有効に作り出す方法についての名著を執筆した。これによって、私の後半戦は意義あるものになると確信する。

ステファン・アーターバーン（ニューライフ・ミニストリーズ創設者兼会長、「ニューライフ・ライブ！」司会者）

私たちに人生の方向性や優先順位について、立ち止まって考えることを迫る。人生の転換期を十分に吟味し、取り組んできた彼の洞察と助言は、真実かつ深い響きを持っている。したたかに、エレガントに試合をこなしてきた彼のコーチングは、私たちの人生を豊かにする原則と戦略の知恵に満ちている。

J・ウィリアムズ

（ファウンデーション・フォー・コミュニティ・エンパワーメント創設者）

ボブ・ビュフォードは、スポーツ同様に、人生でもよい成果を残す大切さを知っている。前半戦に目覚ましい成績を収めても、後半戦に伸び悩むのではもったいないではないか。成功志向の強いアメリカ人ならわかると思うが、ボブは人生の基本を見出すための「ロッカールームの助言」をしてくれる人だ。自分の人生に正しいゲームプランがあるのかと疑問に思ったら、きちんとタイムアウトを取ってこの本を開いてみてほしい。

スティーブン・A・ヘイナー（コロンビア神学校元学長）

私の人生の大切な二人へ。
リンダ、私の心を養ってくれた人。
今は亡きピーター・ドラッカー、私の頭脳を養ってくれた人。

序文

私の身に起こったある出来事について思うところを記し始めたのは一五年も前のことだった。中年期に差しかかる折、それらがいわゆる「危機」ではなくて、むしろまったく新しく、またより良い人生が眼前に生起しつつある事実を発見したためである。私はこの発見を「ハーフタイム」と呼ぶことにした。この過程が最終的に私を導いた先が「セカンドハーフ（人生の後半戦）」であったことになる。

上首尾な人生の前半戦の後に、後半戦の戦い方に一味違う変化をつける上で、一息入れる必要があったことからも、この比喩は似つかわしい。それまでの二〇年間、私はあまりある成功に浴してきたし、燃え尽きとか挫折とはありがたくも無縁だった。しかし、何か物足りなさがあり、ゲームプランの変更をしなければとも感じていた。通常の人が自己の欠落感からあくせく探し回る道を歩まずに済んだのは、今になって思い返せば、神の加護であったようにも思う。

原稿を出版社に提案したところ、編集者もしかるべき期待を寄せてくれて、こうして一冊の書物としての上梓がかなった。以来、本書をめぐるムーブメントが起きたと言っても言い過ぎにはなるまい。読者は五〇万人以上に及び、多くは本書を手に取ったことを契機として、自己の後半戦のフィールドを発見するに至っている。私は「リーダーシップ・ネットワーク」を設立し、読者からの手紙に返信した。また、「ハーフタイム・グループ」も併せて設立することで、一人ひとりに「成功から意義へ」と導くための情報やコーチングなどを提供している。本書が大きな成功を収めたために、グループは多忙の度合いを高めている。

この二〇年以上前、私自身にゲームプランの変更を促した「かすかにささやく声」は、今日の多くの方々にも明らかに他人事ではなくなっている。いや、誰にとっても他人事ではないからこそ、出版社はこうして私に改訂を依頼してきているわけである。

だが、私のほうはと言えば、特に何か変わったわけでもない。言いたいことは一九九四年時点と基本的には同じである。すなわち、一言で言えばこうだ。もし人生の中年期――三〇代後半から五〇代のどこか――に差しかかっているのなら、人生の黄金時代が待っているのだと。どれほどの成功を手にしたとしても、完全に満たされることはない。人生の真の価値をあなたは手にしうるのであり、この本の語る内容を知ることはきっとあなたにとって意義あるものとなるだろう。

この本の執筆当時、いまだ携帯電話やスマホを手にする人はほぼおらず、インターネットを用いる人も少なかった。それでも、私の話に耳を傾けてくれた人々は、さらに良い地点へと旅立っていったし、私の助言で自分らしさの手助けもできたと思う。

私はテキサス州タイラーに所有する農場で、まとまった時間をつくって、ある問いとともに本書を再読した。その問いとは、もし今日新たに書くとしたら、どの部分を改訂するかというものだった。結果としては、本書は旧版のままで読者の旅路に十分役立ちうるとの確信にたどり着いたが、私は人生の後半戦の使命を見出した人々の物語を新たに加えることにした。新規の章として、「会社を辞められない場合、どのようにしてハーフタイムを手にしうるか」との新たな問いへの助言を設けた。巻末には、Q&Aを付加した。後半戦をめぐる冒険に漕ぎ出した人々の英知が詰まった文言を書き加えた。

初版時の最大の宝物は、わが友にして師ピーター・ドラッカーによる含蓄に富む序文である。ドラッカーは二〇〇五年一一月一一日に天に召された。今なお、序文は燦然と光り輝いており、手を加えることなく収載することにした。今回は、私とドラッカーの共通の親友でありベストセラー作家のジム・コリンズがそれに勝るとも劣らぬ名序文を寄稿してくださった。

味読されんことを願っている。

ボブ・ビュフォード

序文

ビュフォードさんは、あえてもややもやさせて人をけしかけることにかけては、ちょっと並外れた才を持ち合わせている。私が初めてビュフォードさんに出会ったのは一九九六年、福音派メガチャーチ（週末の平均信徒数二〇〇〇人以上のプロテスタントのキリスト教会。特に宗教に無関心な若年層から多く支持されており、世界で最も成長しているキリスト教会の伝道スタイルとされる）牧師への講演依頼だった。私はメガチャーチをほぼ知らなかったし、そんな人たちに役立てることなどあるのかとの疑問が兆した。対して、ビュフォードさんは、「知らないと言うこと以上のやってみる理由なんてないよ」との返事。「それで人の役に立つ新しいことをいやでも学ばなければならなくなるんだから。教会のリーダーから何が学べるかなんてわからないし、それがきっとあなたをもっと価値ある存在にするんだよ」

ビュフォードさんの言ったことは、学びという冒険を語るにあたって実に正鵠を射ていたことが後になって判明した。セッションを行う中で、私が永続する溢れんばかりのビジョンを伴う教会づくりを吹き込んでいたら、後ろのほうですっと手が上がった。

サウスカロライナのある牧師がこんな質問を向けてきた。「ジム、先ほどからおっしゃる永続何とかということがよくわからないのですが」

私は答えた。「かりにあなたが後継者のことを考えもせず、カリスマ頼みで運営したら、自分がいなくなったときには、急速に縮小するかつぶれるしかありませんよね」。私はかつて耳にしたさるやり手社長の例を挙げた。高齢の創業経営者は、後継者問題への対応として、毎月「もし私がいなくなったら」と前置きして発言するだけだったという話である。

小学校に上がる前に落第した生徒でも見るみたいな顔で牧師は私を眺めた。そして、こう切り出した。「ねえ、コリンズさん。あのですね、何と言えばいいか、あなたは、私たちの根本を見逃しておられるようです」。牧師は間を置いた。「あのね、私たちの『創業者』たるお方は」——もう一呼吸置いた——「絶対に絶対に、いなくなられたりはしないのです」

どっと笑いが起こった。ビュフォードさんが目配せしていた。「言ったでしょう。こんなふうに鍛えられて、磨きがかかっていくんですよ」とでも言いたげに。

帰宅後、私は永遠に色あせない、卓越したアイデアを教会のリーダーシップの観点から煮詰めてみることにした。かくして、長い友情が始まり、それは日々私自身が自己刷新するのにも尽きざる源泉となっている。

ビュフォードさんはあくなき前進の人だった。長時間に及ぶ対話の中で、私はビュフォードさんに尋ねてみたことがある——彼は偶然にも私が出会った中で最高のキリスト者だったから。「ローマ帝国の辺境にいた熱烈な一握りの信徒が、三〇〇年後には世界最強帝国の国教となったのにはどのような変化があったのでしょうか。たとえるなら、今日バグダッドから三〇マイルほど離れた地点で二十数名が教えを立て、一〜二世紀後にはアメリカの国教になったようなものですよね。マスコミもなかった時代に、どうしてそんなことができたのでしょうか」

ビュフォードさんは、キリスト教史の専門家に問うて回答を集めた。文献を読み込み、要約した資料を箱いっぱいに送ってくれた。もう一つの刷新のための挑戦をもって、ビュフォードさんが私に揺らぎをもたらしたのだった。

そのビュフォードさんが、自著の序文をこのように私に依頼してくれたのは、皮肉でもある。なぜなら、私自身が五〇歳を迎え、ハーフタイムの真っただ中に身を置いているからだ。彼は実に老獪なことに、私にとって二度とない時節を見計らったように、事業に参画させようとしてくれていたのだ。私はいまだ答えを持ち合わせていなかったが、ビュフォードさんは私に、そして読者すべてに正しい問いを発してくれていた。問いとは、次のものである。

「なぜ人は何十年にもわたる経験の蓄積による知恵を持ちながら、無益なものにとらわれてしまうのか?」

二〇世紀の前半、人は多くの場合、仕事を必要悪として、すなわち身の安全や快適さを保持する手づると見なしてきた。しかし、一九六〇年代になると、人はさらに仕事に多くのもの、すなわち意義や目的の感覚を求めるようになっていた。現在、ビュフォードさんは、次なる挑戦にまでやってきた。それは仕事上の納得や成功といった隘路を超えて、意義と意味を伴う人生全体を考え抜くことである。本書『ハーフタイム』では、つらい仕事を引退して悠々自適を渇望するという古いモデルを捨て去り、かえって後半戦はもっと創造的で、刺激的で、価値と冒険と学習と貢献に満ちたものにしうるし、そうすべきであると言う。人生の前半五〇年の成功は、よきスタート地点を意味するに過ぎない。

ビュフォードさんの書いたものを読む方の多くは、すでに成功を手に入れており、しかもまだまだ成功し足りないと感じている。ハーフタイムにたどり着いたとき、残された時間がすでに過ぎた時間よりも少ない事実に思いを致すとき――育ててくれた先輩や師、父母が他界し始める時期にも相当するだろう――「さらなる成功を」との考えが問いに答えを与えてくれないことに気づくだろう。

では、本質的な問いとは何なのか。

あなたはこんな問いを考えたことがあるか。「そのたった一つのものとは何なのか。二つでも、三つでも、四つでもない。心の箱の中にあるたった一つの偉大なものは何か」

あなたは、自分の手で墓碑銘を記したことがあるか。貢献を一〇〇倍にも豊かにする計画を手にしているか。あるいはあなたは次のような問いを考えたことがあるか。「どれくらいの蓄えがあれば十分か」

あなたは、自己を生かせる場を見出すのに「人工地震探査」を行ったか。人生の充足になくてはならない二つの本質的要素、すなわち、自己実現とコミュニティの創生のために、時間をどれくらい捻出できているか。問いへの心構えができているのなら、最高のハーフタイムが迎えられるはずだ。

ビュフォードさんの問いに翻弄されつつ、私はなんとか自己刷新の顕著な二つの方法にたどり着くことができた。私は本書を手に取るあなたを同様の熟慮に誘いたいと考えている。その一つとは、今は亡きジョン・ガードナー（一九一二〜二〇〇二年。アメリカの政治家）が提唱した「成功から意義へ」と「新たな全活動の植え替え」である。それは仕事から貢献へと変えていこうとする。保健教育福祉長官を務めたガードナーは、『自己革新』の著者としても知られるが、かつて私にこう語ったことがある。「七〇歳から八八歳の間には、〇歳から一八歳の時と同じくらい、学んで成長するつもりなんですよ」。そのとき、ガードナーは「七〇歳の今のほうが、〇歳の時よりも多少は学ぶことがどのようなことかは知っていますからね」とも付け加えた。彼は、一〇年から一五年ごとに人は自分を植え替えるべきであり、自分も知らずにいた強みを引っ張り出してくれる挑戦に打って出るべきだと言った。ガードナーは、加齢とともに創造性が衰えるとする見方を拒否し、むしろ意義ある貢献は後半の人生にあるとした。ビュフォードさんはこの考えを引き継いでいる。植え替えを行うことによって、一〇代二〇代の頃の高揚感が、何度でも、いくらでもやってくる。また植え替えによって、時間の流れがゆっくり感じられる素敵な効能もある。思い起こしてみてほしい。初めて入学したときのこと、知らない街にやってきたときのこと、入社のとき、入国のときのことを。わずか数週間がどれほど鮮やかに記憶に焼き付けられるか。もはや生活が同じことの繰り返しとなった五〇代の一〇〇週に匹敵することだろう。

第二の自己刷新への経路は、注力すべき活動を探し当てることにある。すなわち、すでに前半戦で追求してきた活動を、自己刷新の力強い手段として用いるのだ。芸術家が技芸とともに成長を遂げるのと同様に、自分が選択した分野にとどまりつつ、更新していく生き方が合う人もいる。ベートーヴェンは、ハーフタイムを迎えて以降、自己刷新のために音楽から手を引いたわけではない。かえって注力し、先進的かつ画期をなす固有の音楽を創造した。彼は音楽をやめて意義を見出そうとしたのだったろうか。ベートーヴェン同様に、ドラッカーもまたこの第二の経路をたどった。彼が本書の初版序文を書いたのは、その意味でも似つかわしい。

クレアモント大学院大学には、ドラッカーの著作を収納した書棚が三つある。私の友人は私に、「ドラッカーが六五歳以前の著作は一つの棚に、それ以降の著作には二つの棚を必要とするのに目を向けてください」と語ってくれた。八六歳だったドラッカーに、「どの著作が最も誇りに思っているものか」と尋ねると、「次の本だね」との答えだった。ある人にとっては、会社経営、もしくは作家、教会指導者、大学教授の職が作品である場合もある。読者がそうなのだとしたら、問いは次のようなものとなるだろう。ハーフタイムまでに四つの交響曲まで書かれているのだとしたら、五、六、七、八、九番の作品はどうなるか。さらには、第九番はそれらすべての中でもどれくらい秀抜なものとなるか。

後のページでビュフォードさんの言に耳を傾けていただく前に、予めくぎを刺しておきたい。もしあなたが、人生というものをお手軽に、かつ安穏としのいでいきたいと考えるなら、この本は開かないでほしい。ゴールまでをなんとか逃げ切りたいとしか思わない人も、開かないでほしい。与えるよりも、獲得することにしか興味がないなら、やはり開かないでほしい。

しかし、生を終える瞬間まで、誰かの役に立ち、学び、成長し続けたいと願うのなら、本書は実に清々しい課題を提示してくれるだろう。

自己刷新の問いは、常に私たちの人生とともにある。ある人は、その問いに、信じがたいまでに流麗に創造性を育て、七〇にしてなお若々しい。別の人は、悲しいかな若くして老い、三五歳にして早くも七〇歳の中間点に到達してしまう。サッカーやマラソン、登山では、自分がどこで中間点を越えたかがはっきりとわかる。だが、人生ではそうではない。自分としては中間点を越えたつもりでも、四二・一九五キロのマラソンの四二キロまで来てしまっていたり、第2四半期の最後の二分間だったり、あるいは、幸運にもいまだ登山の三分の一までしか来ていないかもしれない。私たちに人生は一つしかない。なすべきこと、なしとげるべきことはさらなる切実感とともに日ごとに募ってくる。

時は刻々と過ぎゆこうとしている。

ジム・コリンズ
コロラド州ボルダーにて
二〇〇七年一一月

初版への序文

なかなかお目にかかれない、真に個性的な本である。少なくとも私はこのような本は知らないし、似ているものさえ見たことはない。

少し変わった自伝として優れているし、そのような読み物として味読できるのは喜ばしい。父の死後、わずか一一歳で一家の大黒柱を担わざるをえなかった少年の物語であり、また苦難と夢と発願、悲喜こもごもの物語でもある。

それ自体興味を惹くのであるが、私の知る限り、ボブ・ビュフォードは、一〇代にして自己の強みを考え抜いていた類稀《たぐいまれ》な人でもあった。ごく例外的な芸術家にしかなしえないことである。さらに信じがたいことは、自らが実に長けていたことが、真に欲するところと異なると気づいたとき、「やりたいことよりも、うまくできることに取り組むのが義務であり使命」との知的誠実さと勇気をもって自己に言い聞かせたことである。もちろんこのボブの企業家もしくはビジネスパーソンとしての成功は、これらのおかげとも言える。

しかし、私の知るところでは、ボブは初心を忘れることなく、成功のために本来の意義を捨て去ることはしなかった。若き日の野心を少年時代の夢で終わらせなかった。彼は手元の石臼を見ながらも、丘の上に気を配ることを忘れなかった人である。三〇年の歳月を経て、時間と経済に余裕ができたとき、三〇年前に欲したことをどう実現できるかについて、自己の強み、経験、知識を生かして、貫徹することに再び思いが及んだ。

この時点でたいていの人は引退する。しかしボブは仕事が気に入っていたし、愛してもいた。また上首尾に運ぶこともできた。彼はこのままではいけないと思った。しかし、彼は自己の強み、知識、経験、資金を、地上における神の国の建設、すなわち母国の教会への奉仕という個としての志に役立てるために、パラレル・キャリアを展開すべき時が来たと得心した。

これだけでも十分に稀というべきだろう。だが、本書は自伝としての性格をはるかに超えてもいる。説教臭くも学問臭くもなく、統計や専門用語を用いず、われわれのような先進国の豊かな社会が抱える根本的社会課題に正面から取り組んでいる。

しばらく前、私が生まれた第一次世界大戦の数年前、今で言うところの中年前期を超えて命を長らえる人は例外だった。一九二九年時点で、アメリカの平均寿命は五〇に満たなかった。半世紀前にはわずか三五歳程度であった。しかし、今日、アメリカ人の多く、先進諸国の大多数は、曾祖父母の時代と比較して二倍の寿命を手にすることになる。

同様に価値あることとして、史上初めて、実に多数の人々がいわゆる「成功者」たることが期待できるようになった。ここで言う成功とは、巨万の富や世俗的なものを意味するわけではない。だが、成功とは少し前には知られていなかった事柄の達成を意味する。大学教授、医師、弁護士、企業等の中間管理職や専門職、病院管理職など、二〇世紀初頭には影も形もなかったか、あるいは社会的意義を有するにはあまりに数が少なかった仕事の達成を意味する。

当時にあって、仕事とはまずは生き延びるためのものであって、いわゆる人生自体を意味しなかった。製鋼所労働者、伝統的な家族経営の農家、組立ライン従事者、街角の商店の売り子など、伝統的職業に就く人々は誰もが、経済事情さえ許すならば、三〇年後には引退を迎える覚悟ができていた。なぜなら、仕事とは、次の食事にありついたり、子供に靴を買ってやる手段でしかなかった。

今日では、多くの人々が、ボブ・ビュフォードと同じことを見出している。仕事を心楽しむものとし、歳を重ねるにつれて暮らし向きは良くなり、引退できたとしても、喜んでそうしないことが期待されている。私は「知識労働者」と呼ぶのだが、多くの人々が、史上誰よりも経済的に豊かであるのみならず、人間としての充足の観点からはるかに恵まれている。しかし、四〇も半ばを迎えると好きだった仕事にやりがいは感じられなくなる。新たな刺激がなくてはならなくなる。

私がこのことに気づいたのは、二〇年もしくは三〇年前のことである。たとえば、大企業の経理部長から非営利組織に転籍して類似した業務に従事する「セカンド・キャリア」の人々が大量に現れるだろうと私は考えていた。私は間違っていた。ボブ・ビュフォードは見事に私に教えてくれた。このような人々の大半は、今行っている仕事や得意な業務を辞めたいとは考えていない。それでも、ボブが言うところの「もう半分の人生」、あるいは私が言うところの「パラレル・キャリア」を加える必要を切実に感じている。すでに培ってきた自己の強み、知識、経験を活用して、価値観に添う奉仕の領域を見出したいと願っている。

すでに指摘したように、前例のない新たな課題である。この本は私の知る限り、かかる課題を実に見事に提示し、対処法まで教えてくれる最初の本にほかならない。この本は高次元の指南書と言ってもよいだろう。高次の社会分析の書でもある。高次の自己啓発書でもある。これらは読者の価値や志が何であったとしても——むろんビュフォードと異なっていてもかまわない——、今世紀の二大社会的変化と言ってよい、寿命（とりわけ労働寿命）の伸長、そして自己の生き方を生活のためだけではない、ありうべき成功の恩恵を享受するすべての人々にとって、触媒たるべき書物である。

価値ある政治の書でもある。現代の中央行政機関には、地域社会や社会問題解決の能力が乏しいことが次第に明らかになってきている。自由市場でも同様である。非営利領域、第三領域、独立領域、あるいは私の好みでは社会領域など呼び方が何であれ、新しい現場が必要とされている。これらの領域では、時々投票し、納税する半ば儀式のようなものによるのではなく、働くボランティアとしての市民像がぐんと現実感を増してくる。ボブの本は、先進国社会の大きな政治課題に対する解決策を示してもいる。中年期を迎えた人々の成功は、政治を機能的かつ効果的にすることに資するし、また民主主義とコミュニティ双方の基本意義の回復にも役立つ。

またアメリカの主要課題の核心に迫る宗教書でもある。アメリカ社会と生活における信仰とキリスト教の役割に関連する。アメリカの主要教会の多くが、この三〇年から四〇年の間に教会会員数を著しく減少させていることを知らない者はない。しかし、真に驚くべきことは、減少ではない。むしろ減少幅の少なさにある。というのも、つい昨日まで(五〇年から六〇年前のこと)の教会員とは、よほどのことがなければ、自由選択ではなく、社会的強制によっていたためである。

私は一九三〇年代、英紙アメリカ特派員としてこの国に初めてやってきた。当時にあって、教会への所属は義務だった。移民後数週後に記入した住宅ローンの申請書では――ニューヨーク市郊外の裕福ながらお世辞にも信仰の深いとは言えない地域でさえ――二名の推薦者が必須とされ、うち一名は所属教会牧師でなければならなかった。二五年後の一九五〇年代初頭でさえ、小村や田舎では、教会に所属しない者は銀行から融資を受けられず、まともな職に就くこともできなかった。

そのような社会の圧力は現在さすがにない。しかし、大方の予想が教会所属者の壊滅的減少に傾いたのに対し、減少幅はヨーロッパと比較するまでもなく、いかなる基準からも控えめにとどまっており、二、三倍の速度で会員を増大させているメガチャーチの急成長によって打ち消されている。別の言い方をすれば、今日的な必要に奉仕する方法に習熟しさえすれば、アメリカは今なお宗教国家にとどまり続けている。教会に行かない人々は、事実上の強制によるわけではなく、むしろ教会に行く人々は、何よりも自ら進んでいく。

これらに早々に気づいたのは、ボブの優れた洞察の一つである。彼の創設した団体リーダーシップ・ネットワークは、メガチャーチを有効に機能させ、主たる問題を見定め、これまでの教会では不可能であったような永続的で機能する教会とし、使徒、証人、中核的な地域奉仕者としての使命にフォーカスする触媒となりえた。現在、ボブは説教者としてではなく企業家として、中規模教会を包含する多数の教会に仕事を拡大させている。

最後に、本書は、知識から智慧への成長、知性と精神の教育書としても読むことができるし、読まれるべきである。このような物語は実に稀有であり、冒険活劇やロマンティック譚よりもはるかに刺激的で示唆に富むものである。それは人生の半ばを過ぎ、何かを成功裏になしとげてきた者たちが必要としている。若者が英雄やロマンティックな物語を必要とするのと同じであろう。

結論として、この本は、多くの読み方がなされるべきだし、事実そのように読まれるであろう。人によって異なる形で語りかけるだろう。しかし、それでもページを繰るすべての人に意義と助言を与えてくれるだろう。

ピーター・F・ドラッカー
一九九四年九月一日

イントロダクション　聖所に至る道

「イエスは喩えを用いて多くのことを語られた。『種を蒔く人が種蒔きに出て行った。蒔いている間に、ある種は道端に落ち、鳥が来て食べてしまった。ほかの種は、石だらけで土の少ない所に落ち、そこは土が浅いのですぐに芽を出した。しかし、日が昇ると焼けて、根がないために枯れてしまった。ほかの種は茨の上に落ち、茨が伸びてそれを塞いでしまった。ほかの種は良い土地に落ち、実を結んで、あるものは百倍、あるものは六十倍、あるものは三十倍になった。耳のある者は聞きなさい』」

――「マタイによる福音書」一三：三〜九

墓碑銘に何を記すか

誰も自分がいつ世を去るかを知らない。しかし、望みさえすれば、墓碑銘に刻む言葉を選ぶことは誰でもできる。私は自分の墓碑銘を自分で選んだ。あえて告白しなければならないのだが、まだ生きてぴんぴんしているのにそんなことを考えるのは、いささか気の滅入ることである。けれども、その行動は、私の心の中に鮮明な像を結び、輝かしい直観と壮大な挑戦を教えてくれた。それは次のようなものであった。

一〇〇X

これは一〇〇倍を意味する。「マタイによる福音書」第一三章の種蒔く人の聖句から受け取った。私は企業家である。したがって、良き土壌に蒔かれた種子が一〇〇倍にもなった人として記憶されたい。それが私の望む生き方にほかならない。私の中にある熱と志の表現である。また私の思い描く遺産でもある。私は、生前も死後も、豊かな実りを実現した人として知られたい。

アウグスティヌス（三五四〜四三〇年。ローマ帝国［西ローマ帝国］時代のカトリック教会司教）は、自己が何を残すかを自問すること、すなわち何によって憶えられたいかを問うことが、大人の始まりと考えた。私が墓碑銘を書いたのも、まさにそのためだった。つまるところ、墓碑銘とは表層的なきれいごと、持論を超えたものでなければ意味がない。正直なものであるならば、墓碑銘はあなたの人となりと心を雄弁に物語っているはずである。

心の奥にある聖なる小部屋とは、創造主が私たちに与えてくれた贈り物と私は考えている。人間が動物や機械以上の何かであると確信させるものがある。私たちが目的地、そして運命を伴う霊的存在である告白でもある。私たちが奇跡の御業によって創造された神の似姿にほかならないことを思い出させる聖なる存在でもある。

あるいは、「二〇〇X」の墓碑銘をあまりに大風呂敷と感じる人もいるだろう。確かにそのような部分もあるだろう。しかし、自己の凡庸ならざる才に感謝し、墓石の下に眠るまで貢献し続ける目標として墓碑銘を選定するとき、あなた自身と人生の中にすでに埋め込まれている目的と情熱を確認することになる。

イエスは物語や喩えを用いて人を導いたが、とりわけ種蒔く人の話は、私の持つ夢と経験の核心に迫るものがある。この話こそが、本書執筆の原動力にほかならない。私の熱源は、神が私に下さったものをさらに豊かにして、お返しすることにある。ぜひ読者の皆様にも同様の行動を私としてはお勧めしたい。道端に落ちた種、岩場に蒔かれた種、雑草に覆われた種になってほしいとは思わない。実を結ぶ可能性にもかかわらず、環境によって妨げられている。

私は、適度に湿った肥沃な土壌で育つことができた。私の物語で外すことのできない部分である。私の物語は、自分の意思のみのものでも、立志伝でもなければ、また、ホレイショ・アルジャー（一八三二〜一八九九年。一九世紀のアメリカの小説家）の幻想物語でもない。多くのアメリカ人よりも、はるかに成長、自己啓発、報酬の機会を与えられてきた。

一方では、私はたまたま幸運に恵まれたのだという人もいるかもしれない。確かに私は実に多くの仕事を与えられてきた。しかし、あなたが私と同様に、「与えられた者は、多くを求められる」と信じるのならば、私の墓碑銘への取り組みがいかにぎりぎりのものであったかも知ることになるだろう。

あなたの墓碑銘は何か。あなたは何を与えられ、残りの人生を用いて何を行うのか。

最近のことだが、私はわが人生をアメリカン・フットボールになぞらえて見るようになった。もちろん前半後半からなるスポーツなら何でもよい。私は三五歳まで前半戦を戦っていた。だが、ある事情から私はハーフタイムに突入することになった。現在は、後半戦を戦っており、実にスリリングな展開を迎えつつある。かくして私は人生の後半戦は最高のものにすべきであるし、また個人的ルネッサンスとも言えるものにしうるとの結論にたどり着いた。

人生は後半戦で決まる

あなた自身の人生の前半戦において、私と同様であるならば、後半戦をどうするかなどとは考える余裕さえなかったろう。たぶんあわただしく学校を出て、誰かと出会い、結婚をして、仕事を持ち、上を目指し、その中で少しでも人生を有利なものとするべく、いくつかのものも手に入れただろう。

きっと前半戦では激闘を繰り広げてきただろう。勝利さえ手にしてきたかもしれない。しかし、遅いか早いかは別としても、本当にこれでよかったのかと思いを潜める。なぜか得点を記録するたびに、かつてのわくわくした感じがなくなってくる。

あるいは、痛い目にだって遭ってきたろう。男女の別なく、何の痛手もこうむらずしてハーフタイムを手にすることは容易ではない。時に深刻な苦難が襲う。離婚、アル中などがそうだ。子供のために十分な時間が取れなかった。そうした罪悪感もある。あるいは孤独も。

優れた選手の多くがそうであるように、良かれと思って始めた前半戦にもかかわらず、途中でつまずいたのだ。

たとえ致命傷にいたらなかったとしても、きっとあなたは前半戦と同じように後半戦も活躍し続けられるはずがないと知るくらいには賢明であるはずだ。一つには、かつてほどの体力や気力が出ないことがある。勢いよく学校を飛び出してからというもの、あなたは一日一四時間働いても、休日出勤してもびくともしなかった。それは前半のゲームプランの一部であって、成功を目指すならとうてい回避できないものだった。しかし、今となってはあなたは成功以上の何かに強く心惹かれている。

さらには、試合それ自体に伴う現実が厳然とある。時間はこの時も刻々と進み続けている。かつて眼前に永遠とも思われたものが、現在では手を伸ばせば届くところにある。いつか終わりが来ることを恐れるわけではないにしても、なんとか最後まで上首尾になしとげたい、誰からも奪い去られることのない何かを残したいと切願する。前半戦が成功を求めてきたとすれば、後半戦は意義を求める旅となる。

勝敗が決せられるのは前半戦ではない。後半戦である。前半戦では少々失敗しても十分挽回の余地がある。後半戦では取り戻すのはやや厳しくなる。後半戦になると、ようやく自分のなすべきことを意識しなければならない。フィールドも知っている。自分が生きる世界についてだ。成功体験も十分に蓄積してきて、試合がいかに厳しいものか、それでも条件さえ整えば、いかにたやすいかも知っている。苦労も失望も、もう十分過ぎるほど知り抜いているからこそ、あなたは数ラウンドを落とすことの不愉快さとともに、それゆえにこそ生存可能性は高まり、時に自己の最高の何かを示してくれることがわかっている。

もちろんある人々は後半戦にさえ到達できない。いや、後半戦があることさえ知らずにいる人も少なくはない。私たちの文化で蔓延している見方では、人は四〇歳を過ぎると、老化と衰退へと落ちていくととらえられている。歳を重ねながらしかも成長するなど、まったくの矛盾とも見られている。このような神話に私は断じてくみしない。私はあなたにとってもそうであってほしいし、そのための力になりたい。

あなたが今人生のどこにいるのか私は知らない。二〇代なら、きっとキックオフの笛を耳にしたばかりで、これから血湧き肉躍る半生が待っていることだろう。私が述べることははるか先の話に見えるだろうが、この本を目につかないところにしまい込まないでほしい。なぜなら、前半戦は思う以上に瞬時に過ぎ去るからだ。

あるいは前半戦の最終局面に差しかかっているかもしれない。あなたは三〇代半ばから四〇代前半のどこかにいて、今まで通りにはことが運ばないとの呼び声を聞き続けているだろう。そんなあなたにこの本ははっきりと語りかけるだろう。

あるいは後半戦に突入しているけれども、そんな風に考えたこともなかった人もいるに違いない。優れたラインマンさながら、あなたは前方への突進を続けているだろう。そんなあなたに、本書はまずタイムアウトを取って、サイドラインをまたぎ、ゲームプランの検討をするのに遅過ぎることはないと伝える。

今人生のどこにいようとも、以降のページを用いて、私は後半戦が前半戦に及ばないとの見方にくみすることのないようあなたに呼びかけたい。あきらめにとらわれて、それなりの人生に安住するのではなく、あなたには新たな地平と挑戦の備えは整っている。最後に残すもののほうが大事なのだと信じて、成功から意義――これが墓碑銘を記すことの意味だ――へと進む力があなたにはすでに備わっている。

第Ⅰ部

前半戦

「人間の真の試練とは、自ら望む役を果たすときではない。運命に課された役を果たすときである」

——ヴァーツラフ・ハヴェル

第1章　かすかにささやく声

「主は言われた。『出て来て、この山中で主の前に立ちなさい。』主が通り過ぎて行かれると、主の前で非常に激しい風が山を裂き、岩を砕いた。しかし、その風の中に主はおられなかった。風の後に地震があった。しかし、その地震の中に主はおられなかった。地震の後に火があった。しかし、その火の中に主はおられなかった。火の後に、かすかにささやく声があった」

――「列王記」一九：一一～一二

後半戦から何を望むか

私は自己の生き方を常日頃から意識してきたわけではない。はっきり言ってしまえば、腰を据えて人生を考えるようになったのは、四〇代も前半を過ぎて、自分が成功をめぐる混乱に突き落とされたときだった。というのも、私はケーブルテレビ会社の社長として実に華々しい成功を収めていた。結婚生活も至極快適かつ順調であった。私たち夫妻には一人息子がいた。その息子とは——ちょっとこれ以上の表現が浮かばないので勘弁してほしいのだが——至宝だった。

だが、なぜか私の中には妙なこわばりがあった。かくも成功し、恵まれてもいて、何が不満なのか。

私はビジネスの戦略や実践、かけがえのない家族や友人など価値ありとするものをこれ以上なく理解していると思っていた。しかし、時に相反するもののすべてにどう折り合いをつけるか決めかねるところがあった。何より意味を持つものは、私の信仰生活であり、もちろんそれへの確信は十分わかってはいたが、それに対して何を行っていくべきかについては、今一つしっくりこないものが残っていた。

その時である。私が人生の後半戦に向けての声を聴くようになったのは——。経済的な成功のみではなく、真の意味で実りある人生を追求すべきとする、形はなくとも切実な考えが私の頭を支配するようになった。もちろん稼ぐことは恵みである。しかし、私は何を残せるのだろう。金より大切なものがあるのではないか。声は私にそう語りかけていた。私の人生に訪れた節目の持つ意味に思いをめぐらせ、炎の後に不意に訪れたかすかにささやく声に、私はいつしか耳を傾けるようになった。

私は次の問いを自己に発するようになった。

・私はかすかにささやく声に耳を傾けているか。
・私の仕事は今なお人生と私自身の中心をなすものか。
・私は人生のプリズムを通して、永遠の視点を獲得しているか。
・私にとって真の目的とは何だろう。ライフ・ワークは何か。私の運命は何か。
・「何もかも手に入れる」とは一体どういうことなのか。
・私は何をもって憶えられたいか。
・わが人生を真に良きものにするとしたら、どのようなものか。

聖書をひもとくならば、イエス・キリストは、付き従う私たちが実り多い人生を手にするためにこの地上に来られたとある。実に喜ぶべきことと言わざるをえない。同時に、宗教とは人を縛り、禁止し、キリストは人を叱責し、否定するとの固定観念に縛られる多くの人々は、その点を見落としているとも言わざるをえない。私が知り愛するに至ったキリストは、広やかな人生へと私を導こうとしている。人を狭い世界に閉じ込めようとするのではない。彼は私に、意義ある人生に向けて、力強く背中を押そうとしていた。

二塁ベースへの到達

だが、前半戦を生きる私にとっては、あまりの多忙も手伝って、声に十分耳を傾けることができなかった。

私にとっての問題とは、信仰にあったのではない。私は幼少期から信仰の賜物を十分に受け取っていた。しかし、前半戦の多くの局面にあっては、あえて野球の喩えを使わせてもらうならば、二塁を踏むことなく残塁していた。次の図は、著名な牧師であり、作家でもあるリック・ウォレン（一九五四年〜。アメリカのカリフォルニア州にあるキリスト教プロテスタント系バプテスト派サドルバック教会の創設者・牧師）が教えてくれた（図表1）。

一塁とは、神の家族の一員たる初歩としての「信じる」段階を意味する。私の場合、それは聖書でキリストが述べることを事実としてシンプルに受け入れる段階であった。かのデンマークの哲学者セーレン・キルケゴール（一八一三〜一八五五年。デンマークの実存主義哲学者、思想家）が「信仰の跳躍」と呼ぶところのものを含んでいる。もちろん信仰とは理性を否定するものではない。だが、理性とは異なる何かである。神からの賜物として受け取る新たなひとそろいの力である。信仰を持たないならば、私たちは心と魂の世界で起こる事柄をただ見守るしかできなくなる。信仰をもってすれば、私たちは他の二つの力、すなわち理性と感情をも駆使し

図表1　人間的成長への旅

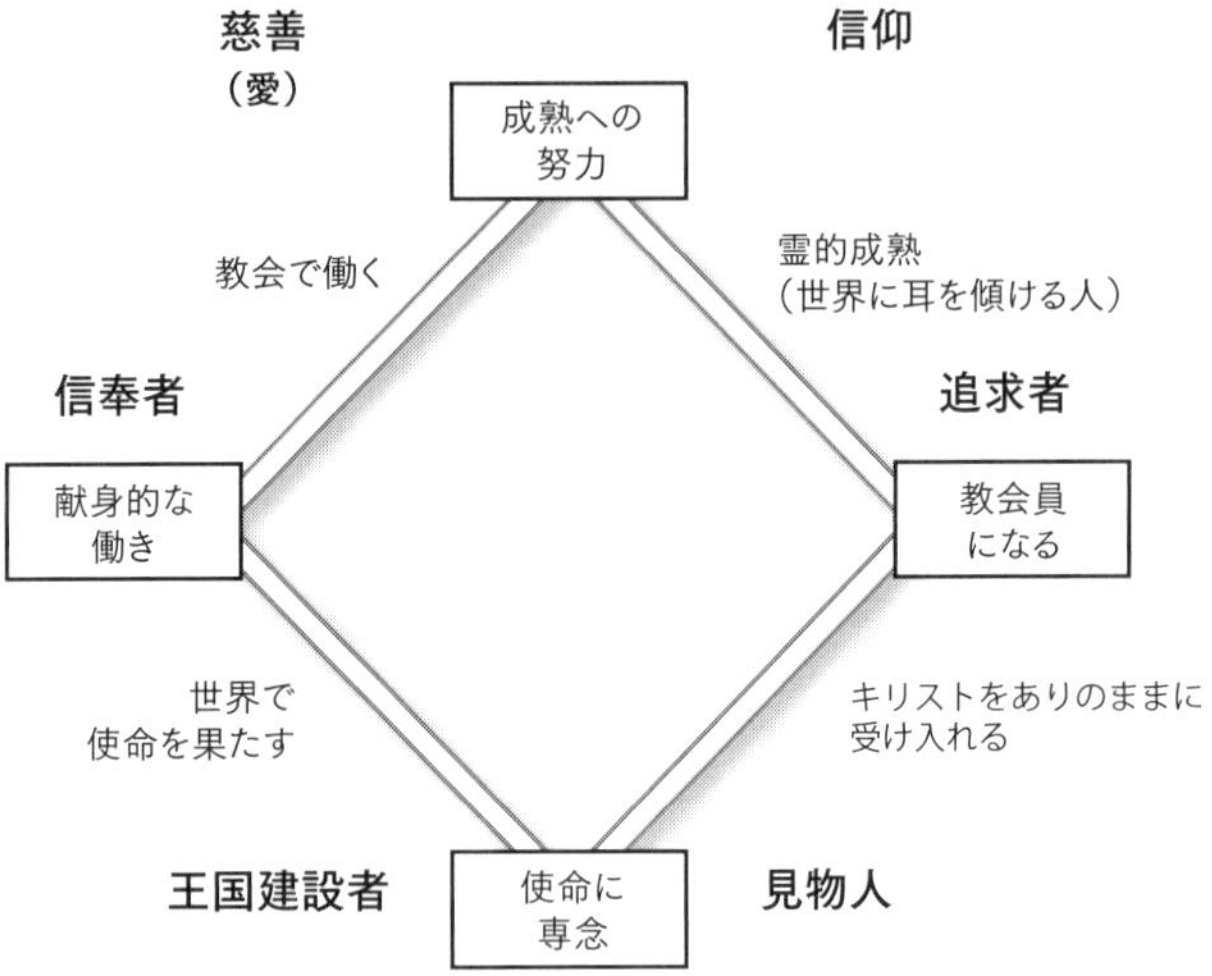

て、二塁に進塁できるだけの人間的成長の旅に突き進むことができる。

私にとって、二塁進塁とは完全に信仰による。最初は心を働かせることに始まり、それから頭脳を働かせる。二塁への到達とは、聖書が説くところの「御言葉に耳を傾ける」段階から、「御言葉を行う」段階へのシフトを意味する。そのシフトとは、信仰を心の中だけにとどめるのではなく、愛の実践としてとらえ直すことを意味する。

教会に通い、信仰を表明する多くの人々同様、私にとっては二塁に立つことで、自己の信条を正しいものとするのに、悦に入っていたところがある。日曜ごとに教会に出向き、説教に耳を傾けて信仰を堅持し、行うことと言えば、献金したり、日曜学校で教えたりすることくらいだった。

もちろん信仰それ自体に問題などあるはずがない。むしろ、神が私たちに求めるのは、永遠の生命の賜物を受け取ることだけとさえ言える。しかし、神は私たちが単に正しく考える以上のことを望んでいる。行動をもって表現される信仰は、「最も大いなるもの」と言える。使徒パウロは「コリント人への第一の手紙」一三章の偉大なる愛についての記述で次のように締めくくっている。

「信仰と、希望と、愛、この三つは、いつまでも残ります。その中で最も大いなるものは、愛です」

ギリシャ語で愛とはアガペというが、慈善（チャリティ）と完全に同義だ。善き行いこそが、愛の表現である。ホーム生還に至る後半戦への備えとして、信仰と希望は二塁に至るまでに獲得された。

三塁は、教会やパラチャーチなどの信仰の場で、行動として示し、神に付き従うことである。かくして、最後の力を振り絞り、ホームに戻ってくる。この段階で必要とされるのは、「神の王国の建設者」（ゴードン・マクドナルド）たることである。私たち一人ひとりに神が特別にしつらえてきた世界のミッションを探し出すことを意味する。ギリシャ人は運命と呼び、詩人ジョン・ダン（一五七二～一六三一年。イングランドの詩人、著作家）は「人は（一人で完結する）島嶼《とうしょ》にあらず」とも謳った。

野球のダイヤモンドの後半戦では、善き行いが意味を持つ。信仰の前半戦と別のものではなく、かえって信仰から出て、真摯さを付与する。ヤコブのよく知られる聖句「信仰もまた、行いが伴わなければ、それだけでは死んだものです」（「ヤコブの手紙」二：一七）を言い換えて、私は次のように表現する。「行動なき信仰は死ぬ」。信仰生活とは、人間としての責任の生活たらねばならない。心や頭脳と足や手がばらばらでは、体は全体としてうまくいかない。

神は私たちのホームランを目にしたいと願っているであろうが、多くのキリスト教徒は、信仰の先に行くことができずにいる。ギャラップ社による世論調査（二〇〇七年）では、アメリカ人の八二％が自己をキリスト教徒と考えているが、これを見る限り、世のあらゆる文化領域に、聖書の確かな価値を浸透させるに十分と見てよいだろう。同社の調査結果に疑義を挟むものではない。けれども、私の見たところでは、社会が信仰に溢れているとの証拠には乏しいと言わざるをえない。私たちの少なからざる割合が、一塁と二塁の間のどこかに留め置かれてしまっているためだと思う。

帰還の時

人生の前半戦で、二塁より先に進塁するだけの時間的余裕はほぼない。なぜなら、私たちの多くは狩猟者である。家族を養わねばならない。仕事で成功しなければならない。自己の確信や意義を子供たちに伝えなければならない。加えて言えるのは、男性の大半、昨今では女性もまた、前半戦では、常時戦闘態勢である。大きな仕事ができることを自分や人に証明しなければならないし、そのために全身全霊をもって打ち込まなければならない。

前半戦は、信仰を深めつつ、聖書の説く人生の固有の方法を学ぶ一時期に相当する。後半戦は、プレッシャーからある程度解放されて、二塁を蹴って、培った信仰を実践できる時間を手にする人が多いように見える。

『オデュッセイア』（ギリシャの叙事詩。冒険、長旅、知的探究の意味でも用いられる）は英雄オデュッセウスの生涯を描いた叙事詩であるが、二つの偉大な原動力、すなわち戦闘と帰還で物語は構成される。オデュッセウスは、帰還を切望しつつも、同時に道中の戦いに明け暮れてもいる。そんな彼に親近感はあるか。前半戦では、家族とともに過ごすことへの欲求と、仕事上の成功との二つの冒険の厳しい綱引きの中にいる。そんな中で、さらなる良きことへのかすかにささやく声を聞き逃すのに、何の不思議があるか。

人生の前半戦は、達成、獲得、学習、収入が主たらざるをえない。多くにとって、見慣れた経路とは、いい大学を出て、会社に入り、家族を持ち、家を購入し、ささやかな暮らしの要を満たす収入などのために目標を立てて、邁進することだ。さらにきらびやかで、攻めの一手で追い求める人もいる。大きな取引や仕事を成功させたり、時にはレバレッジド・バイアウト、M&Aなど、てっぺんを獲れるものなら何にでも手を染める。それが何であれ、前半戦で神のささやきにあえて耳を傾けられるだけの余裕を持つ者はごくわずかだ。霊的関心を保持する人は、多くの場合、前半戦特有の仕方で関与しようとする。たとえば、教会建設委員会や日曜学校、年次のスチュワードシップ（資産管理）などへの参画があるだろう。

後半戦がリスクを伴うのは、目先にとらわれない生き方を要求するためである。その生き方は、自己に本来備わる創造性や熱意の種子を解放し、水をやり肥料を与えて、豊かな実りあるものとしなければならない。それは、自己の才を他者の要に用い、成果を自己の喜びとすることでもある。このようなリスクは、企業家が多くの場合良いリターンを得るためのものである。

真の企業家とは、無謀を意味しない。あるいは、蛮勇を振るうものでもない。彼らは、ただ決断に影響する可能性のある事実をひたすら収集し、検討する。決断は速やかに実行に移される。これとよく似ており、前半戦より豊かな後半戦を生きることを欲するならば、自動運転のごとき生の安全圏を踏み越えた決断がなされなければならない。自己とは何者か、人生で信じて告白するものの由来、日々の活動や人との交わりに意味を与え、それを形作るためにどのような行動を取るべきかを、腰を据えて考え直さなければならない。

むろん一念発起にリスクは避けて通れない。安全ベストを脱ぎ捨て、ぬくぬくとした地点から出るならば、誰もが手に馴染んだ尺度や着眼をいったん脇に置かなければならなくなるからだ。少なくとも、初めのうちは、手綱を手放してしまった心もとなさを感じるだろう。

対して私はこう言いたい。「それはあなたにとって良きことである」と。

人生の「真実の喜び」

手綱を手放す中で、自身の感覚にさらに近づいていき、そのような人生のもたらす冒険と成果に目を向けることはあなたにとって実に良きことにほかならない。

とりわけ現下の激変の時代状況では、いかに固定化したり計画したりしてもかなわないことが少なくない。同じことは人生のどの段階でもあてはまる。だが、四〇代に突入したときの私がそうであったように、中年期を迎える人にとっては誰もがうなずけるのではないか。

私にとっては、人生の夕刻に向かう時期とは、時間と賜物の棚卸しをはかり、価値ありとするものとあるべき姿を再編する時期にあたっていた。たんなる刷新以上の意味をはらむものだった。なぜなら、それは新たな出発を意味していたためである。現実を再認識する以上の意味をそれは持っていた。自己の心の聖所を新たな心持で腰を据えて覗き込み、ついに魂の深部にある希望への応答機会を手にすることを意味したためでもある。

またそれは、結果として、植えるに時があり、刈るに時があり、泣き、笑うに時があり、嘆き踊るにも時があり、見出しあきらめるにも時があり、用い捨てるにも時があることを私に知らせた。人生での滋味に満ちた時間であった。

これまでのところはそうであった。

ノーマン・コーウィン（一九一〇～二〇一一年。アメリカの作家、脚本家）は、九〇代でありながら、『老いることなき精神』（未邦訳）で、中年期に差しかかったときの心境を次のように記している。

「今にして思えば、最も厳しかった誕生日は、四〇歳だった。若き日から決定的に決別した日だったからだ。しかし、私はこう考えている。その齢を過ぎるとは、安逸の壁を打ち破るようなものなのだと」

それはバーナード・ショー（一八五六～一九五〇年。アイルランド出身の文学者、脚本家、劇作家、評論家、政治家）が、それに先立つ数年前に、人生の「真実の喜び」を見出したのと同じ種類の時である。彼は次のように述べている。

「これこそが、真実の喜びであり、自己にとってかけがえなき目的、病や悩み、世が自己を満たしてくれぬ悲しみ、熱に浮かされた利己によってではない、あるがままの原動力に自己を供することだ。私は、人生が絆によっており、生きる限り、できることをそのために行う特権を持つとの見解にたどり着いた。世を去るとき、完全に自己を用い尽くしたい。働くほどに生きられるからである。私は生きることそれ自体を喜びとする。人生とはもはや短くなったろうそくのごときものではない。それは、あかあかと燃えるたいまつさながら、私のその瞬間を照らしてくれるかに見える。私はさらにできる限り鮮やかに燃やして、次の世代に手渡したい(1)」

本書冒頭で、私はあなたに後半戦を考える起点として、墓碑銘を記すよう勧めたのを覚えておられるだろう。ここにその種の目標を促す一つの問いがある。「もし人生が完全に満ち足りた状態であったとしたら、それは目にどう映るか」

腰を据えて思いをめぐらすにふさわしい何かがあるはずだ。至福と祝福を見出す上で手がかりとなる一幅の絵画作品がそこには現れるだろう。だが、それはまた、あなたがかすかにささやく声に注意深く耳を傾ける場合に限って、くっきりとした像を結ぶことになるだろう。

第2章　転回の時

父母からの贈り物

キリスト者には、回心の瞬間を記憶する者がいる。正確なとき、すなわち日付、時間、分、秒、ナノ秒、そしてその時はやってきたのだと。その刹那、何かが起こった。奇しき力によって変えられ、新しく生まれ変わった。許され、救われた。

これは私の話ではない。私はいささかの悔いも誇りもなくこのことを報告しなければならない。私はきわめて幼い頃に信仰の賜物を与えられており、それなしで生きた記憶を持たないからだ。私が人生の中で時に疑問を持ってきたのは確かであるし、ある種の神学的、教義的な公式に、典型的ないらだちを覚えてきたのは確かである。しかし、神を疑ったことはなかった。私はどんな時も、イエスは、語られた通りの方であったことを信じてきた。

このような信頼と至福の確信は、独力によってなされたものとは言えない。主を探し求めたわけでもない。私の揺るぎない信仰は、どこまでも神の賜物だったのであって、神のほうが私を見つけてくださった。したがって、私は精神的遍歴の劇的で感動的な転回点について語るべきものを持たない。一四歳のときに経験した驚くべき転回を別にすれば。その時私は聖職者になる考えを捨てたのだが、だからといって決して個人的な信仰や献身を放棄したわけではなかった。

思春期の頃、私の家族はオクラホマ州からテキサス州タイラーのローンスターステート東側の松林の中にある家に引っ越していた。父は酒好きの猟師で、オクラホマ州のスキート射撃（ショットガンで飛翔する粘土を撃つ競技）の名手だったのだが、テキサス移住前の私が小学校五年生のときにすでに世を去っていた。父の記憶はあまり多いとは言えない。だが、ウイスキーをボトルから直に口にしていたのは瞼に焼き付いている。この作法は、後になって知ったのだが、戦後、アーネスト・ヘミングウェイ（一八九九～一九六一年。アメリカ出身の小説家、詩人）がアメリカの名作を書き、無骨なアメリカの男たちが、タフで不滅と考えていた時代には、決してめずらしくはなかった。

だが、私の父は不滅ではなかった。父は若い妻と三人の幼い息子を残し、私たちは手を携えて働かなければならなくなった。私の母はオクラホマのラジオ局をしばらく経営した後、別のラジオ局を購入して経営するためにタイラーに移住したのだった。

私の中の熱と葛藤

母は、突然一人残されたのだが、メディア事業の経営者として卓越した先見性をもって、業界に参入した。タイラー初のテレビ局の免許を申請し、地元新聞社のオーナーばかりか、当地最高の名士で慈善家でもあったさる石油業界の会社の一族にも戦いを挑んだ。

勝率はお世辞にも高いとは言えなかった。何しろ母は連れ合いに先立たれ、たった一人、しかも町では新顔だったからだ。一方、地元の石油業界を仕切る一族は、事実上ほとんどすべての地域慈善事業や活動に資金と指導力を提供していた。近隣の都市ダラスでは、三社のテレビ放送免許が、地元新聞社オーナーに付与されていた。

その間、母は障害を克服するために、テキサス州スミス郡の裁判所にまで訴えた。一九五〇年代初頭の州法では、裁判所が認めない限り、女性は夫なしで契約締結や法的署名の権限が与えられていなかった。

しかし、母は、尋常ならざる慣習上の難関を突破して、一九五四年一〇月にＫＬＴＶ経営の免許を見事に勝ち取ったのだった（Ｌは母のファーストネーム「ルシール」）。母の決意と執念は、私にとってかけがえのない教訓となり、「やってできないことはない」という精神と自己信頼の模範を示してくれた。幼い頃から、私だって、努力と忍耐でどんなことだってできると確信するようになった。

母は、その後、立て続けに二度結婚したが、いずれも悲惨な結果に終わり、結果として事業と子供が生きがいとなっていた。私を寝かしつけるときなど、母はドクター・スース(一九〇四~一九九一年。アメリカの絵本作家、児童文学作家)の本や『くまのプーさん』の読み聞かせなどはしてくれなかった。代わりに、貸借対照表とか減価償却、広告の営業戦略などを私に語っていた。また、テレビ事業の免許を申請する際、母は連邦通信委員会に、いつか子供たちに事業を譲りたくてそうしようとしていると伝えていたほどである。

そのひたむきさは、私の中に熱とともに葛藤をもたらした。事業で成功するか、教会で奉仕するかという、切実極まりない内面での綱引きがそれである。私はこの緊張から完全に解放されるまでに数十年を要することになったのだが、一四歳のとき私は転機となる決断を下すことになった。

私はその時のことをこの上なくはっきりと記憶する。ちょうどある種の人々が、自己の回心体験を細大漏らさず記憶するかのように。あるいは、二〇〇一年九月一一日の世界貿易センタービルが崩れ落ちたとき自分がどこで何をしていたかありありと記憶にとどめているように。

私の職業探索上の転機は、九年次、ホッグ中学校のミティ・マーシュ先生の英語の授業で起こった。マーシュ先生の存在は、私が少年時代を過ごしたタイラーでは伝説と言ってよかった。彼女と姉妹ミニーとサラは、町の公立学校で教鞭をとり、金曜日と土曜日の夜に高校生たちが車でめぐる目抜き通りサウスブロードウェイの農園型邸宅に住んでいた。

マーシュ先生と姉妹は、厳しいことこの上ない学業の基準だった。「きちんと勉強しないと、行きたい大学には入れないんだからね」と怠りなくくぎを刺す導き手だった。

私は教室の二列目、左端の席に座っていた。今日に至るも、何がきっかけだったのか定かではないが、まさにその場所で、なぜか説教、洗礼、婚礼、葬儀ではなく、テレビ局経営者として生計を立てるのがわが道であると瞬時に悟ったのだ。ターボ車のハンドルをその手で握るのだという一〇代の一念発起を私は実にきっぱりと行った。

転機への一念発起

言うまでもないことだが、「醒めた頭脳」と「一〇代」は同じ書物の同じページで見かけることなどほぼないし、ましてや相互に没交渉である。だが、まだ産声を上げて間もないテレビが、読書、会話、ラジオなど長年親しまれてきた娯楽を脅かすようには見えなかった。

私は何を知っていたのか。まだ中学生で、人生の春を迎えようとしていた。事業の世界、特にテレビというきらきらしていてわくわくするものは、当時私の考えうるものとしては、それ以上に奮い立つようなスポーツはなかった。

包み隠さずに言って、私は九回の裏に試合を決める特大ホームランをかっ飛ばせる男になりたかった。決定打。ヒーロー。やがて訪れる転機への道に向かう一大決心だった。

私は今でもテレビ事業を愛している。競争、戦略、征服の世界である。私の知るある経営者(彼は後に自ら命を絶った)は、事業を「世界で最も偉大なスポーツ」と呼んでいたほどだ。痛いほどわかる。私もまた、競争し、業績を上げ、勝って勝って勝って勝ちまくる、何とも言えない爽快なものを感じていたから。やはり結果的に選手として活躍するにまさるものはない。また、私は、本を読んで暗記するより、組織が最高の学習環境と最大の知的挑戦を提供してくれると信じる。テレビ業界での経験は、ゲームで勝利するとは何か、実に多くを教えてくれた。

しかし今、私は他にもいろいろな試合があって、いろいろな場で戦われていることを知っている。視聴率競争を制し、シェアや収益拡大を積み上げる以外にも、勝つ方法があることを学んだ。

価値ある教訓が、私にも示された。すでに、あるいはいつか、あなたにも示されるであろう。淡々とした意識の積み重ねと、人生の節目節目での単純なかみ分けの中で、徐々に。三〇年ほど前、事業で大きな成果を上げていた私の胸に、それは時々の意思決定に沁み込んでいた。

あの青春の霧に包まれた中学の教室で、一瞬にして心に浮かんだ逆回心体験を地道に考え直したことが発端であった。

私は、自らが信じていることをどう行動に移すべきかを思案し始めた。

第3章　探索と自助の季節

「天の下では、すべてに時期があり……求めるに時があり、失うに時がある」

――「コヘレトの言葉」三章一：六

宴の終わり

サプライサイド経済学お得意の言い回しに、「潮が満ちれば、すべての船はさらに浮上する」というものがある。もちろんあらゆる存在が理論に従うわけではない。しかし、わがテレビ業界について言うならば、一九六〇年代から一九七〇年代にかけて、商業的にも文化的にもアメリカの巨大な上げ潮のうねりの一時代だったのは確かである。テレビ局は娯楽と情報の巨人となり、人々の行動やつながり方を変えていった。

私の船は揚がった。

ＣＢＳの伝説的なニュース・アンカーのウォルター・クロンカイト（一九一六～二〇〇九年。

アメリカのジャーナリスト）は、顔と親しみやすさで一世を風靡したわけだが、それのみならず、アメリカで最も信頼できる人上位にランクインした。テレビには権威や名声を与える力があって、ケーブルテレビや衛星放送、インターネットなどであったとしても変わらない。あなたが想像するように、民放テレビ事業に携わる者にとっては、飛び抜けて幸運でやりがいある時代だった。三〇年にもわたって、家業としてのタイラーのテレビ局から、アメリカでの数か所のケーブルテレビ網にまで拡大する中で、ビュフォード・テレビジョンは年率二五％で成長した。

私は何年も前に、経営学の大家ピーター・ドラッカーから、成長を毎年持続させるには、会社経営者が拡大がもたらす機会と課題について、狂信的なまでに変化を受け入れる姿勢を持ち続けなければならないと教わった。さて、テレビ事業は一九五四年から一九八六年まで、私たちに華々しいまでの船旅を提供してくれた。テレビ業界ほどに、ほとんど途切れなき成長を遂げた業界はごく例外に属する。

だが、ビュフォード・テレビジョンの堅実かつ壮大な成長は、臆病なくらいに慎重な処し方によってもいた。たとえば、一九八〇年代半ばには、同社は個々の局を所有することはなくなっていた。当時のアメリカでは、ほとんどの人がケーブルテレビで三五～五五チャンネルを持っていた。ＢＴＩでは、テレビ局を売却してケーブルテレビ事業に完全にシフトした。現在では言うまでもないことだが、動画、オーディオ、記事などは無数にあり、テレビのみならず、パソコンやスマホでも視聴できる。

事業には人生と同じように季節に似たところがある。状況は変わっていく。企業は、人と同じように成長を遂げるためには、定期的に力点を変えていかなければならない。

私は今も、ＡＢＣテレビの「マンデー・ナイト・フットボール」放送初期の頃、ダラス・カウボーイズの伝説のクオーターバック「ダンディ」ことドン・メレディス（一九三八〜二〇一〇年。アメリカのアメフト選手、スポーツコメンテーター、俳優）が、まだ数分残しているのに、「これで決まりさ」と観客に親指を立てていたのを覚えている。テキサス風に言えば、「さあ明かりを消しなよ、宴は終わったんだぜ」ともなろう。幸運は賢明にまさるとの古諺《こげん》の知恵を私は尊重したいが、いつ宴が終わるか、いつ次の宴へ向かうべきかを知る程度には賢明であるべきだ。

仕事と人生の見通し

かくして私は、ダラス繁華街のあるホテル火災で母が亡くなった三一歳のとき、残された家長として社長となった。母は、私に事業や人生について多くを教えてくれた。母は多くをなしとげた人のご多分に漏れず、大いなる強みの人であると同時に、大いなる弱みの人でもあった。母はリスクを厭《いと》うことなく、事業での成功と、自尊心と自己肯定感をもって私を育て上げることに専心した。私が高校生のとき、母はどこに行っても「うちの息子は最高のレフトエンドなのよ」と吹聴して回ったものだった。本当のところを言えば、三年時二軍でプレーしていたわけで、全州レベルの凄腕レフトエンドをバックからサポートしていた。年次が上がってもレフトエンドからスタートして、選手としてはぱっとしなかった。それでも、母が私をそう紹介してくれるのは耳に快く、肯定感とインスピレーションがみなぎったものだった。

だが、母はあまりに天真爛漫な性格でもあって、自分をうまく律することができず、この弱みが、後の母の人間関係に失望と失敗をもたらしたのも間違いない。私がぜひとも避けなければならない弱みだった。

大学を卒業してからは家業に従事していたが、母の死は私の人生に新たな季節が訪れたことを告げていた。新しい責任、選択、夢の到来を意味した。次代を担う時期が私に訪れた。社会は大きく変動する時節にあたってもいた。ベビー・ブーム世代の最初の人口階層が大学入学を果たし、社会に出ていく時期とも重なっていた。ベトナムでの戦争は泥沼に突入していた。リチャード・ニクソン（一九一三〜一九九四年。アメリカの政治家。第三七代大統領）は再選を目指して出馬し、ウォーターゲート事件（一九七二年アメリカの政治スキャンダル。ワシントンD.C.の民主党本部で起きた中央情報局［CIA］工作員による盗聴侵入事件に端を発し、一九七四年にニクソン大統領が辞任する結果となった）は目前だった。

私はそのような社会情勢に影響されないわけではなかったが、眼はもっぱら事業と自分自身の成長に向けられていた。とにかく、自己啓発書や自己刷新の書物やテープが私にとって手放せなかった。とりわけピーター・ドラッカーの書くものなら片端から読んだ。アメリカ経営者協会（ＡＭＡ）主催の社長養成講座にも参加した。ハーバード・ビジネス・スクールの開催するオーナー経営者講座などは、ＭＢＡカリキュラムの主要部分を凝縮した九週間の贅沢なコースだった。

当時各所で蔓延していた「精神を解放してくれる」ドラッグなどの恩恵を被ることなく、私は夢を映像として思い描いた。私が思い描き、信じることは、志をもって力を尽くせばきっと実現できると思った。私の信条であり、マントラだった。ウッドストック音楽祭など眼中になかったし、ホワイトハウス連中の汚職、「三〇歳以上の大人を信じるな」も脳裏には浮かばなかった。人生は夢と希望で切り開くことができると固く信じていた。

私の性格でただ一つ、つかの間の懸念をもたらしたのは、事業にどの程度の情熱と意欲を傾けるかだけだった。私には「この異常なまでの熱中は、人生の他の領域の何かを犠牲にしているのではないか」との感覚があった。「これだけのものを得た結果として、私は何を代わりに失っているのだろう？」。言うまでもないことだが、仕事よりも、人生にはもっともっと多くのものがあるからだ。

そう思いはしたものの、事業を引き継いで間もなく、私はノートで顔を隠し、航路修正のために、仕事と人生の慎重な見通しに乗り出していた。

六つの目標

第1章で述べたように、私は自身に次のように問いかけた。「私の人生が完全に満ち足りたものになるとしたら、その人生の構成要素は何か」

当時三四歳だった私にとって、この問いは、何よりなしとげたいこと、なりたいものについての沈思黙考へと駆り立てる初の機会となった。その答えは、私がどのように生きるべきかの一端を見せてくれた。私は六つの目標をしたためた。

・事業を年率一〇%以上成長させること。
・妻リンダといきいきした結婚生活を送り、死がつかの間二人を引き離すまで添い遂げること。
・隣人への奉仕を通じて神に仕えること。教会をはじめ、私の賜物が役立つならどこでも、教えたり相談に乗ったりすることで、天に宝を積むこと。
・息子ロスが高い自尊心を持てるようにすること。そうすれば、息子がどのような状況に置かれても、最高の形で自己を備えられるだろう。息子の学業やテニスの成績などではなく、彼が自己肯定感を持てるかで父親としての自己を順位づけた。自己を超えた偉大な存在への信仰を養ってもらいたかった。

・学生時代、何となく避けてきた教養や知的な次元での成長を遂げたい。

・資産をどう用いるか、いくらあれば十分かを見極める。使わないお金、当面使う当てのないお金を、想像しうる最高の信条に投資しようと決意した。それはどんなものか。

六つの目標は、私がこの人生を用いて何を行っていたかを意識する方法でもあった。私はこれら以外にはほぼ目もくれなくなったし、目的に添わないものは退けられるようになった。仕事の成否ばかりで頭がいっぱいだった頃との大きな違いは、人生にバランス感覚が生まれたことだった。とりわけ後の五つの目標は、私にとって意味あるものが定義されていた。それらの目標は、「これだけのものを得て、何を失うのか」との問いへの答えになっていた。私は、最愛の妻、息子の自己肯定感を後押しし、学習を通じて視野を広げ、奉仕活動で信仰を深めるなど、およそプライスレスなものを、もうたくさんというくらい手にした金、力、業績によって、売り飛ばさないように自己を確かなものにしたかった。

これらの目標は当時も今も、完璧とまでは言いがたい。それでも、私自身に意味を見出すために核となる献身と情熱の対象を探し始めるにはさしあたり十分である。

私はやがてやってくる後半戦がぼんやり視野に入って来たばかりの前半戦を戦っていたからだ。

第4章　成功が苦悩に変わるとき

どこまでいけば満たされるのか

夜盗のようにそれは忍び込んできた。薄暗い平穏を乱す侵入者は音もなく、喜び、お金、やりがい、熱などの人生の宝をかすめ取ろうと手ぐすねを引いていた。

成功の苦悩が私の玄関先を抜けて現れたのは、四四歳のときだった。それは鈍器で私を打ちのめした。ビジネスの手さばきにひたすらうつつを抜かしていた私を。

しかし、どこまでいけば満たされるのか。

その頃、テレビ事業は、私たちの楽観的予測さえはるかに超えて成長していた。結果として、私は資産形成目標をゆうになしとげたばかりか、はるかに上回るだけの額を手にしていた。邸宅も構えた。車庫にはジャガー。行きたいところならどこにでも行けたし、実際に実行した。他の目標の多くも完全になしとげたか、もしくはほとんど手中に収めたも同然だった。

そこへ来て、成功が苦悩を連れてくるとは、予想もしていなかった。かつて私はシエラクラブ（アメリカに本部を置く自然保護団体）の本で、エベレスト西稜への登攀《とうはん》を記した文章を見たことがある。巨額を投下し、仲間を失いながら、二人の登山家がついにエベレストの頂に立った。そこは世界で最も高い地点からの光景が広がっていた。到達するまでどれほどの代償を支払ったか。だが、二人が感じたことは、純粋な高揚感や喜びではなかった。数分も経たないうちに、どちらともなく、この強風に吹き飛ばされる前にちゃんと下山できるか本気で不安になりはじめたのだった。

前半戦を支配する意識状態にあって、頂まで登りつめることこそが、無事に帰ることよりはるかに心躍らせ、やりがいをもたらしてくれる。

だが、成功が苦悩に変わるとき、ようやくにして十字路まで到達し、次の一歩を踏み出す前に、決定的な決断を下すために腰を据えなければならない。

私は走り続けるために、ゴールをさらに前に設定するか。一周ごとのタイムを計測し続けるか。

私は新たな可能性に対してオープンに目を向けることを自らに許すか。

私は建設的な形で中年の危機を迎えられるか。

成功を手にした後、何があるか。

これらの問いは、事業に対するこだわりと、仕事で培ってきた企業家としてのリーダーシップの強みを誇りとした私にとって、解きがたい難問だった。事業とは、価値と知恵の証明の場であり、私が日々、才と知を存分に発揮する舞台でもあった。そこが私にとって居心地の良い場だったのは、単に慣れ親しんできたためでなく、愛するよりも、なすべきことを要求する世界であったためである。はっきりと数字でわかる世界でもあった。

選択の時

包み隠さずに言って、教会や奉仕に活動の場を引き戻すとの考えは、私にとって恐怖でもあった。それは、遠い昔の幼い頃に抱いていた、しかし忘れがたき聖職への衝動でもあった。また、私が常にそう理解してきたように、それは愛に満ちていてもどこか義務感に欠け、四半世紀近くにわたって快活に暮らしてきた現実世界とは対極にあった。どこか生ぬるくて牧歌的な別世界でもあり、数値化しえないものでもあった。

しかも、友人たちは皆、私が成功企業のトップにとどまることに、惜しみない賛意を示してくれもした。だが、かのエリヤ（『旧約聖書』に登場する預言者）と同じように、聞こえるか聞こえないかのかすかな声が、成功の炎が絶えず燃え盛る中、冷や汗をかきながら座す私の耳に呼びかけ続けていた。かすかにささやく声は、私に考えよと問いかけていた。何を？　大人になってからも先延ばしにし続けた一つの問いである。すなわち、「召命と内的衝動の間に横たわる違いを私は理解しているか？」である。

平たく言ってしまえば、私はもう一つの根本的な決断を下すべき地点にいた。現実の多くの決断と同じように、白か黒の選択ではない。自己満足か自己否定か、リーダーシップかフォロワーシップか、そんな二者択一でなく、両極間の広大なグレーゾーンのどこかにある何かだった。しかし、問いは、自分の信念と才を人生の中で発揮することを約束する代償と栄光を白日のもとに晒すものだった。

これは私が人生の意味を求める上で大なる教訓たりえたエピソードの一つである。差し迫った内なる探求、つまり、私の充溢と憧れの源をついに明らかにする行動に対して、私の心に安らぎをもたらしてもくれた。なぜなら、私が得たもので失っているものは何かにアンテナを向けさせるものだったためである。

私の懸念は、成功に溺れてしまうことだった。人はとらわれてしまうことなく、できる限りの成功を収めたい。成功と意義の間には、繊細で危険な領域が横たわっている。成功し続けると、人は主人ではなく召使いとなってしまう。一九八〇年代の人気映画『危険な情事』（一九八七年のアメリカのスリラー映画。監督はエイドリアン・ライン）で、マイケル・ダグラスがグレン・クローズと向かい合って座し、妻が週末に不在となるのを知って、欲望に気が狂いそうになる場面を彷彿とさせる緊張がそこにはある。主人公は、欲望の主人になるか、囚人になるかの境界線上にいる。

彼は後者を選んだわけだが、ついに私にも選択の時が来たと悟った。

第5章　熱源はどこにある

心の箱の中には何があるのでしょうか？

苦難の奈落に落ちたとき、私は恵みによって一人の無神論者へと導かれることになった。マイク・カミがその名であるが、彼は戦略計画のコンサルタントである。彼はエレガントで、しかも実にきっぱりとしていて、直観に優れていた。あらゆる虚飾をはぎとって、一気に核心に迫ろうとしていた。アメリカ経営者協会（ＡＭＡ）が至宝と称したコンサルタントである彼は、かつてＩＢＭの戦略企画の責任者を務め、同社に急成長をもたらしている。その後、億単位の報酬でゼロックスに移籍し、同様の成果をもたらしていた。彼は自律的で、時に破天荒、冷酷なまでの分析力を保持していた。

彼は神を信じてはいないが、少なくとも私の人生で、神が彼を通して誤りなく働きかけてくれたことは誓って言うことができる。

私は事業の年次戦略計画策定に習熟はしていた。この計画は、私たちが共通に持つ目標実現がどの程度効果的になしとげられたかを測る基準として作用した。この計画は、随時の肉付けが楽であり、多くの場合実施に移すのも心躍るものだった。

しかし、今回ばかりは違っていた。今度は、ほかならぬ自分の戦略計画を描く必要があったためである。私は、取り散らかった夢や願望、強みと弱みのリスト、職業的信条、すでに開始したプロジェクトと仕掛かりのもの、なすべきことと廃棄すべきことなどに広げて考えてみた。相補的でありつつ背反するもの両方からなる泥沼であり、オーケストラの演奏の前に行われる調整時の、ざわめきとトリルの不協和音を思わせるものだった。

自らは何をすべきか。どうすれば自身を役立てられるか。自己の才、時間、資産をどこに注ぎ込むべきか。人生に目的を与えてくれる意義とは何か。私の全体ビジョンとは何か。そもそも私は誰なのか。私はどこにいるのか。どうすればたどり着けるのか。

この問いが脳内に渦巻く中、彼はシンプルでまっすぐな問いを私に投げかけた。問いとは次のものである。

「心の箱の中には何があるのでしょうか?」

その心は何かと尋ねてみたところ、カミは一九八〇年代のコカ・コーラ社幹部との「ニュー・コーク」開発計画の体験に引き付けて説明してくれた。幹部たちは、自社事業の原点と駆動力の源は、「最高の味」にほかならないと彼に語ったという。彼らは入念な味覚テストを行った末に、オリジナルのコカ・コーラを上回る新配合を発見し、間もなく満を持して「ニュー・コーク」を発売した。やがてその試みはマーケティング史に残る惨敗と判明したのだった。

かくして幹部はカミを新たな企画会議に再度招聘した。彼は幹部にこう語ったと言う。「心の箱の中に間違った言葉を入れてしまったのは間違いないですね。今一度腰を据えて考えてみましょう」

数時間ほどして、別の言葉が見出されることとなった。「アメリカの伝統」だった。

幹部は、コカ・コーラを市場撤退させることは、母性やアップルパイのような懐かしいものを奪い去るに等しいとの認識にようやくたどり着いたのだった。心の箱の中にふさわしい言葉を入れること、核となるミッションの確定作業こそが、速やかな回復を可能にしたのだった。

どちらか一つ

私について言えば、心の箱に入れるべき言葉を探し求める中で、自分はどのような新たな努力も、可能性も、受け入れる準備があるとカミには伝えていた。私は、キリスト教の信仰を貫くために、必ずしも専門職や牧師になる必要はないとの理解に段階的に到達してきた経緯を話し、それでも少なくとも、私の力の一部を事業追求から、何らかの奉仕活動にシフトさせることを本気で考えていると伝えた。それは自分自身にも一つの強い方向付けの意味を持った。

さて、カミは私が語ったことをそのまま受け取ってくれた。彼は、心の熱源が特定されるまでは、人生のありのままの計画作成に手を貸すのは無理ときっぱりと言った。

「私はお話に二時間ほど耳を傾けました」と彼は述べた。「私はあなたの心の箱の中に何があるかを伺いたいと思います。あなたにとって、それはお金なのでしょうか。イエス・キリストなのでしょうか。どちらなのかを私に教えてくれさえすれば、私はその選択にとって意味ある戦略計画をお伝えできると思うのですが。もし伝えてくださらないのであれば、あなたは二つの間で揺れ動き、途方に暮れるだけでしょう」

こんなに直球の問いを投げてくる人を私は今まで見たことがなかった。数分ほどして――何時間にも感じられたものだが――、私は答えた。「ええ、どちらか一つでなければならないのでしたら、私はイエス・キリストを心の箱の中に入れます」

それは何より信仰の行為であり、変化と未知をすべて受け入れるという、ぎりぎりの選択でもあった。あるいはそれ以上に、すでに私が自己のうちに保持してきた信仰について何ごとかをなそうとの決意でもあった。キリストを自己のたいまつと認めることで、行き先がどこであったとしても、キリストが私の手を取ってくれるとの約束が呼び覚まされた。

そのセッションは美しいカリフォルニアでの出来事だった。妻リンダも同席し、ディスカッションと計画策定に参加してくれていた。ともに何に自己を委ねていこうとしているのかは定かでなかったし、ともに強い不安の中にいた。

そんな私たちの背中を、カミは強く押してくれた。それは見事に的を射抜いていた。心の箱の中にキリストを入れることで私が知ったのは、それは、現実的にはある種の逆説を象徴していたことである。というのは、心の箱の中にキリストを入れることは、箱の壁を破壊し、生命の力と恵みを人生のあらゆる局面に行き渡らせることを自己に許すことにほかならないためである。古代から言われることとして、与えることで受け、弱さの中で強くなり、死ぬことで豊かに生まれ変わるといったもののように、奇しき逆説の論理がそこにはあった。

私は、キリストへの忠誠を唯一ではないものの、最上位に位置付けた。だが、それは他のものを排除してしまうような忠誠ではなかった。その中の特別な存在として、私にとっては妻リンダ、仕事、友人、プロジェクトへの忠誠も誓われていた。キリストはあらゆる存在の中心だが、私に均衡と全体性を付与するのに他との関係で障害となるものではありえない。

祈りつつ考える

私の場合、この忠誠の論理のおかげで事業にとどまることができたし、取締役会の筆頭としてビジョンや価値の策定、幹部の選抜、基準の設定、業績の監視などに約二〇％の時間を割くことをも許してくれた。残された八〇％は、他の事柄に振り分けられ、多くは教会や非営利組織でのリーダーシップ研修、他者への奉仕として、関係者がさらに活躍する上で力になるためにあてられた。

正直に言っておきたい。私は今も都市部のペントハウス、東テキサスの農場にあるカントリーハウス、レクサスの新車を所有する。私は、これまでの人生で手にしてきたライフスタイルの真逆を行くことが、「天職」を全うすることとは考えていない。

多くの人々は、望ましい後半戦のために、思い切った変革がぜひとも必要と誤解しており、リスクを取ることを回避しようとする。しかし私は、神が私に与えてくれた富を創出し、享受する恵みには、有効に用いて他者に奉仕することも含まれるとの信念がある。

このことに関連して、私たちが確信するところによって動くことは、それぞれの来歴からの必然によるものであり、私の場合、それは宣教師でも修道士でもなかった。神は人を強みに応じて用いられるのであって、私がうまくできそうもない分野に投入することはないと私は心から信じている。

誰もが自己の時間の二〇%程度しか仕事に費やさずに済むわけでないことは承知している。その点、私は幸運だったと言うべきなのだろう。しかし、生活のために働かなければならないことをもって、後半戦に神が用意してくださった恵みに枷をかけてはいけない。人生の後半戦をただ衰退し、飽き飽きして、神の国のために無力になるのを許してはならない。

かすかにささやく声に注意深く耳を傾けていただきたい。正直に魂の赴くところに従ってそうしてみてほしい。

心の箱の中には何があるのか。

お金か。仕事か。家族か。自由か。

心にとめておいてほしい。あなたは箱に一つしか入れることはできない。人生のどのような地点にいるかにかかわりなく、箱に入っているたった一つのものを見定めたなら、なすべき行動はおのずと見えてくるだろう。心を整え、読書し、省みるために、しっかりと静かな時間を取ってほしい。そのことが、たった一つのものに動きを与え、あなた自身の成長を促してくれるだろう。

くれぐれも慎重にお願いしたい。成長とは常にたやすいものではないからだ。

第6章 「さらば、ロス」

ある日息子が消息を絶つ

かくして私は、中年の危機を上首尾に越えた航海の途上、マストに「一つのもの」を高々と掲げ、スピンネーカーを心地よい風にたなびかせていた。

そこへ何の前触れもなく、横波が押し寄せ、わが船を転覆させた。

私は多かれ少なかれ、わかっていることもあるし、疑うこともあり、わかりたくもないものもあるという考えで人生を過ごしてきた。アリストテレスとまでは言わずとも、その道の権威は、魂は二つの次元で作動すると記している。目に見えるもの、測れるものを対象とする理性的領域と、人知を超えた神の領域があるという。

しかし、この新たな出来事は、私をさらに別次元の落胆へと突き落とそうとしていた。私が無力な領域だった。

一人息子ロスは、将来を嘱望される青年だった。私の後継者であり、親ばかと思われるだろうが、偉大な英雄の一人だった。

フォートワースのテキサス・クリスチャン大学を卒業したロスは、投資銀行家としてデンバーに移り住んだ。やがてテキサスに戻って家業を継ぎ、経営者になる修業期間だった。彼はM&Aの仕事で初年に一五万ドルを稼ぎ、翌年には五〇万ドル以上を手にするはずだったが、それでもまだ序の口に過ぎなかった。一九八〇年代後半、ロスのしている仕事には巨額の報酬が支払われたからだ。しかし、経済的成功以上に、ロスは人として優れており、決断力、エネルギー、思いやりいずれをとっても、恵まれていた。友人も実に多く、充実と野心に満ちた自己の人生を愛していた。

一九八七年一月三日の夜、兄ジェフからの電話が鳴った。ロスは友人二人と連れ立ってテキサス州南部とメキシコを隔てるリオ・グランデ川を遠泳していた。

「どうもわれわれはまずい状況にいるようだ」という意味の言葉を兄は口にした。「ロスが消息を絶ったんだ」

三人の若者はちょっとしたいたずら心でリオ・グランデまでやってきた。不法滞在者が水際で国境を越えて約束の地である米国に向かうのを追体験しようとした。二四歳、人生最後の冒険だった。

兄によると、テキサス・レンジャーがロスと仲間の一人を捜索中という。三人目の若者は生存が確認され、仲間二人の消息を必死に追っているという。私はリオ・グランデ峡谷に飛び、翌夜明けに到着した。飛行機、ヘリコプター、ボート、探索犬、追跡要員など、金に糸目はつけなかった。

午後三時になろうとする頃、追跡要員の一人の目を見たとき、私はロスとこの世では二度と会えないと知った。

孤独

濁流から二〇〇フィートほど離れた石灰岩の断崖を、生きた心地もなく歩いたことを覚えている。「これは夢ではないのだ」。私は自分にこう語りかけざるをえなかった。「考えてもどうにもならない。お金でも何もできない。何をしても解決できない」。崖の上での狂おしい孤独の中で、それほどはっきりしたことはなかった。それはあまりにも明らかだった。自分の道を信じるしかないと思った。

私の周りで理解を超えた何かが起こっていた。それはもはや永遠の視点からしか理解しえない何かだった。

アインシュタインはかつて語ったことがある。「科学を超えた理解不能なもの。それは神の領域である」

振り返ってみると、これまでに天に向けて私が行わなければならなかった叡智ある祈りがある。

「神よ、この恐ろしいときに、人が私にもたらす恵みがどうであれ、なんとかして受け入れるだけの力をお与えください。アーメン」

ロスと友人の捜索は続行されたが、その間も私の生活とその関係には恵みがあった。息子の遺体は、四か月以上を経た春に、一〇マイルほど下った地点で発見された。前のことになるが、デンバーの自宅の机の上から手書きの遺書が見つかっていた。一九八六年二月二〇日付、彼があの濁流に呑まれる一年足らず前のことだった。恐怖と不安に包まれた長い冬を経て、彼の言葉もまた私にとって恵みだった。

「さて、この遺書を読んでいるということは、僕が死んだのははっきりしたことだね」とロスは書いていた。「どうやって死んだんだろう。突然のことだったのだろうな。そうでなければ、もっとじっくりこれを書き直しただろうから。たとえ死んだとしても、一つだけ覚えておいてほしいことがあります。これまでの人生が素晴らしいものだったこと。さらに大切なのは、僕が今、もっといい場所にいることです」

遺言は、財産分配の希望を記し、次の祝福の言葉で締めくくっている。

「最後に、僕は皆さんを愛し、感謝しています。皆さんのおかげで素晴らしい人生を送ることができました。皆さんも、行き先は下方ではなく、上方に行かれることを望みます。天国の門で待っています。古いカーキにステットソン、色あせたシャツをまとい、レイバンのサングラスをかけ、ジャック・ニコルソン風の笑みを浮かべる僕を探してくださいね。旅立つ前にこれを書く機会を与えてくれた神に感謝します。ありがとう。また会いましょう。ロス」

ロスを失ったことが恐ろしく、また悲しい出来事であったとしても、私が望む、洞察と恵み、喜びの壮大な構図が示された瞬間でもあった。空虚で壊れやすく、私はどん底と同時に恵みをも感じた。友人たちからの無言の抱擁、気遣いと共感の手紙や電話、わが家に用意された食事の贈り物は、願ってもない愛のしるしだった。とりわけ、ある手紙がロスの人生がどれほど周囲の人々にとって証しであったかを教えてくれた。

> ### 親愛なるビュフォードご夫妻
>
> ロスと僕は親友でした。ロスは、持てるものをすべて僕に分け与えてくれました。彼とは自己の考えやアイデア、喜びや苦しみを分かち合い、またたくさんの笑いを分かち合いました。何よりも、愛を分かち合いました。
>
> 今、ロスには新しい親友ができました。そして今、ロスは親友とともにいます。でも、今まで同様、ロスは分かち合い続けています。今日、ロスは新たな親友を、古くからの親友にも分かち合ってくれています。
>
> ロスのために主なる神にロスを感謝し、主なる神のためにロスに感謝します。
>
> ロニー

この手紙に慰められつつも、ロスの死後の暗い数週間は、完全に神によりかからざるをえなかった。「心を尽くして主に信頼し、自分を賢き者としない」。この聖句がしばしば脳裏をよぎった。神様は本当に十分な方で、神の強さは弱さの中で完全なものとなることを学んだ。私は、この地上での人生で、いつ終わるかもわからない冒険の旅の途中にいることを学んだ。私自身でさえそれをコントロールすることはできない。

「与えること」「受け取ること」

クエーカー教徒（キリスト教プロテスタントの一派。一七世紀にイングランドで設立）には、「与えること」と「受け取ること」に関するシンプルな祈りがある。ロスを失った翌日の晩、私はそれを口にし、今日まで口にし続けている。クエーカー教徒は宗教的なシンボルの一種として「手」を用い、祈りの冒頭はそのようにして行われる。手のひらを上にして、神から必要なものをすべて受け取るイメージで祈る。次は、手のひらを下にして、慈悲深く、愛に満ちた神の膝の上に、心配事や懸念がすべて委ねられている様をイメージする。

このような身体を用いた祈りを用いるようになったのは、ロスを埋葬してから二週間半後、私が教会で説教を行ったときからだった。

「神よ」私はこう祈りを始めた。「あなたは私の人生を私の手に委ねました。私はそれをお返しします。時間、財産、人生それ自身……、それは、永遠にあなたと（そしてロスと）ともにある人生に比べれば、ほんの一瞬であることも知っています」

次に、私は手のひらを下にして、こう締めくくった。「父よ、私はこれらのこの世の心配事を手放します。あなたが私の代わりにひとり子をお与えになるほどまでに私を愛しておられることを知っています。私は救い主を必要とする罪人ですが、再び私のためにしてくださったことを十分なものとして受け入れます。イエスの御名において。アーメン」

使徒パウロは「ローマ人への手紙」の中で、何世紀にもわたって何百万人もの苦難の中にいる信徒たちへの慰めの書簡を書き送っている。

「神を愛する者たち、つまり、ご計画に従って召された者のためには、万事がともに働いて益となるということを、私たちは知っています」（八：二八「新アメリカ標準訳聖書」）

万事が益となるか。それには永遠の視点がなければならないだろう。

私は二つの世界に住んでいる。一つは、憂さ晴らしや仕事の世界だ。売ったり買ったりし、利益や損失を計上し、株価が上がったり下がったりする。雲みたいなもので、やがては消えてしまう。私が住むもう一つの世界は、ロスが今いる場、永遠の世界である。後者の現実があるからこそ、私は確信をもって言える。「今だけ、しばらくのさようならだ、ロス」

この永遠の視点は、私をバーナード・ショーの高らかな情熱と、日々を精一杯生き切る責任に、慰めとともに立ち返らせてくれた。ショーは一九〇七年「私は人生をそれ自体のために喜ぶ」と述べている。「人生は、私にとって使いつぶされかけたろうそくではない。それはしばしの間とはいえ手にした輝かしいたいまつである。私は後世に手渡す前に、可能な限りあかあかと燃え盛らせることを望んでいる」

私が愛息ロスを偉大な英雄の短いリストに入れる理由の一つは、その短い生涯にもかかわらず、ショーの言う「使いつぶされかけたろうそく」などではなかったからである。

彼は、輝かしいたいまつであった。いきいきと、カリスマ性を帯び、人を惹きつけた。私たちの誰もがかくも豊かであったらと思う性質を備えていた。ロスは、持てる才を日々精一杯用いていた。彼は、人生の短さにもかかわらず、燃え尽きることもなかった。その死は私にとってあまりにむごいものではあったが、「光あるうちに鮮やかに燃えよ」とのインスピレーションを与えてくれていた。

イギリスの有名な詩人ジョン・ダンは、かつてこう書いている。

「なんびとも一島嶼にてはあらず、なんびともみずからにして全きはなし、人はみな大陸の一塊、本土のひとひら……誰かが死ぬのもこれに似て、我が身を削られるのも同じ。なぜなら自らも人類の一部、ゆえに問う無かれ、誰がために弔いの鐘は鳴るのかと。それが鳴るのはあなたのため(1)」

鐘の音に耳傾けることを自己に許していただきたい。鐘があなたのために鳴るその前に、目覚めの鐘となるように。

第Ⅱ部

ハーフタイム

「そのこととは、自分自身を知ること、神が私になさんと望むことを見極めること……私が生き死ぬに足る思想を見出すこと」

――セーレン・キルケゴール

第7章　前半戦の棚卸し

「人間の不幸の唯一の原因は、自らの部屋にとどまる術を知らないことと私はしばしば述べてきた。人々が求めるのは、自己の不幸を考えうる安楽で平和な生活でも、戦争の危険でも、仕事の重荷でもない。それらから目をそらして気を紛らわせることである。だからこそ、私たちは捕獲するより、狩りに出ることを好む。人が喧騒を好むのはそのためである。刑務所があれほどまでに恐ろしい罰であるのはそのためであり、孤独の快楽があれほど理解できないのはそのためである」

――パスカル『パンセ』

まず沈黙の時間を作りなさい

父は猟師だった。息子も猟師だった。二人の中にあるアウトドアスポーツを好む原始衝動は、隔世遺伝だったのだろう。私の場合偶然にもゲームを好むタイプで、結果がわかりやすく、時間が味方にも敵にもなるスポーツを特に好む。フットボールに入れ上げ、クオーターごとにデータを集計していたし、あるいはその意味では事業もまた四半期ごとにしかるべき成果が問われるスポーツだった。いずれであっても、最後に結果ははっきりしてしまう。

私は白黒はっきりする競技を好む。

だがそれでも、パスカル（一六二三〜一六六二年。フランスの哲学者、自然哲学者、物理学者、思想家、数学者、キリスト教神学者）は正しかった。私たちの多くは、断じて、捕獲したものよりも、自分から狩りに出てつかまえた獲物を好む。私たちは、成功のうちに何事かを完遂することよりも、追いつ追われつのスリルから多くの喜びを得る。錯雑した日々に埋没する中で、私たちがいつしか静けさの中での神のささやくかすかな声に耳を澄ます時間もかき消されてしまう。

神学者であり哲学者でもあったキルケゴールは言う。「もし私が医者であり、何らかの助言を求められたなら、私ならこう答えるだろう。『まず沈黙の時間を作りなさい』と」

ハーフタイムは騒々しい地点であってはならない。

前半戦は忙しく、多くの場合、半狂乱に近い。あなたはかすかにささやく声に、耳を傾けたくないわけではない。それでも、いかんせんあなたにはゆとりがない。ここ二週間ほどのスケジュールを今一度見直してみてほしい。二週間前はおろか、昨日何をしていたかさえもまともに思い出せないだろう。しかし、カレンダーを見てみると、理由がわかる。あまりにも多くを抱え過ぎていて、すべてを覚えるなど無理なのだ。

すべてなくてはならない事柄だったのか。命を賭けても惜しくないほどのものだったろうか。わくわくして待っているか。

仕事は給料以上の何かをもたらしてくれるし、人生に意味を与えてくれる期待から、アメリカで働く人の多くは、「中年の危機」というなすすべもない病に罹患する。何百万もの人々が四〇代を迎え、力や出世の頂点というよりは、たまらなく息苦しく感じている。

何らわくわくしない仕事に閉じ込められてしまっている。それは破壊的といかないまでも、少なくとも関係性の中で停滞を強いられている。一時代前に下した決断の結果にもとらわれている。

ハーバード・ビジネス・スクールでは、数年前から「選択の時代」なるハーフタイムにいる方にうってつけのワークショップを開催していた。参加者が「次のキャリアが充実し、また目的に導かれたものか、また、職業的来歴を見直して、自分自身の必要と志向性に即した未来の選択肢を絞り込むこと」が目的だ。(1) 私がこの話をしたのは、そんなニーズが私たちの文化にいかに広く浸透しているかをわかってほしいからだ。各世代が四〇歳の坂に差しかかると、ますます多くの人がハーフタイムに突入する。

決して不自然なことではないし、また、前のめりな自分を過度に気にする必要もない。しかし、このような思いになったときに多くの人が陥るわながあるとするならば、「立ち止まって、耳を傾けよ」との声に気づかずに通り過ぎてしまうことだろう。うっかり声を聞き逃すには、いろいろなタイプがある。ある人は、もっと規律が必要だ、もっと集中しなければいけないと、ただ耐え忍んでいる。別の人は、健康的なものからそうでもないものまで、娯楽に手を出す。私の思うところでは、ほとんどの人は、夢遊病状態であり、なんとか定年までしのごうと無理をする。これらのアプローチでは、後半戦を前半戦より良くすることなどおぼつかないし、むしろ事態を悪化させる危険がある。

ハーフタイムをどう過ごすか

かすかにささやく声を耳にしたのなら、ロッカールームに一度引き上げて、一息ついてから、さらによい後半戦への備えを行うべき時である。フットボール・チームでは実際にそうしている。フットボールのコーチとチームからすれば、棚卸しを行い、達成されたことを振り返るべき時期である。

何がうまくいったか。何がうまくいかなかったのか。うまくいかなかったプレーは、後半戦に向けて調整したり、やめたりできる。新しいプレーを考案して実行してみることもできるだろう。後半戦の出来不出来は、多くの場合ハーフタイムをどう過ごすかにかかっている。

棚卸しをしながら、同じ問いを自分に投げかけてみていただきたい。

「私を胸熱くするものは何か」「私はどのようにやってきたか」「私はどこに属するのか」「私

は何を信じているのか」「私は自ら信じるところについて何をなすか」

あるいは、ドラッカーが人生の課題を探す人々にアドバイスしたように、「自己に要求し期待するところにふさわしい自分になるための価値は何か、何にエネルギーを投下すべきか」「私の向かうべき方向はどこか、学ぶべきこと、変えるべきことは何か」。

これらの問いへの答えは人それぞれだが、一般的な考えとして、再びフィールドに戻る準備としてうまくいったことを次に記しておきたい。

・和解すること

あまりに多くの人が、人生の後半戦に差しかかって、前半戦に過ごしてきた人生を後悔する(「家族ともっと一緒に過ごせばよかった」「もっと丁寧に人間関係を築くべきだった」「〇〇すべきだった」)。後悔は、生きていく上できつい感情である。心を曇らせ、前向きに自分を奮い立たせる力や直感を奪ってしまう。したがって、ハーフタイムに最初になすべきことの一つは、前半戦で抱えこんできたいくつもの課題とあなた自身を折り合わせることである。

なしとげてきたすべてのことに自信を持てというのでも、何一つ変えることなどないというものでもない。包み隠さずに反省の目を向けてみれば、もっと違った方法を取ればよかったことは誰にだってあるはずだ。大切なのは、それらの事柄をありのままに眺め、成長の糧として受容することである。

私の友人は、息子の育て方を悔いていた。後悔を知人に伝えたところ、こんな返事が返ってきて大いなる慰めを得たと語っていた。

「過去にしたこと、しなかったことを振り返っても何にもならない。その時、あなたは自己の知識と経験に基づいて、できる限りのことをした。わざと息子さんを失望させたわけではないだろう。それから今となって数年の経験を経ているとすれば、もっと違った方法もとりえたことを知るだろう。良かれと思って裏目に出てしまったことで、自分を責めないでほしい」

過去に戻って過ちをなかったことにはできない以上、あなたには二つの選択肢しかないことになる。それらを引きずって、家族や仕事に対して落とした影響を気に病み続けるか、あるいは、きっぱりと折り合いをつけて、後半戦に向けて貴重な学びと受けとめるかのいずれかである。ハーフタイムは、できなかったことで自分を責めるためのものではない。むしろ過ちと折り合いをつけて、恵みとして受けとめることである。

・腰を据える

前半戦でしがちな最大の過ちは、真に意義あるものにあえて時間を割こうとしないことである。だから、ハーフタイムに入ったら、同じ過ちを繰り返さないようにしなければならない。もちろん、これにはある程度の規律と時間管理を要するし、すでに過密なスケジュールを見返して、「別のアポ」を差し込めるのかという感じになるかもしれない。しかし、本気で人生を変えようとしていなければ、ハーフタイムに突入するなどおぼつかない。

松下幸之助の思い出

しばらく前のこと、私は松下幸之助にお会いする機会に恵まれた。松下氏は、その名を冠した日本の巨大な電機メーカーのトップである。松下氏は、東洋でよくあるように、時折、庭に出て沈思と内省の思索にふけっていた。彼が部屋に入ってきたとき、畏敬の念が湧いてくるのを感じた。一言も口を利かないのに、強い中心軸、品格とが謙遜な佇まいに現れていた。

私は、ハーフタイムではしばしば人混みを逃れて沈思黙考する大切さを信じる。私の後半戦では、ほぼ毎週末に内省の時間をつくるようにした。この読書と思索によるひと時は、次の週の活動をいきいきと育む源泉となってくれた。一時間早起きして静かに瞑想したり、あえてどこかのホテルでゆったりと週末を過ごしたりと、何でもよいだろう。

ハーフタイムにたどり着くまでには、二〇年もしくはそれ以上の時間が経過する。だから、わずかな時間で前半戦の課題すべてを解決して、後半戦の計画を立てようなどと無謀なことを考えないでほしい。多くにとって、ハーフタイムは少なくとも数か月、あるいは数年にわたるのがむしろふつうなのである。だが、ふさわしいだけの時間をあてなければ、決してそれはやってこないだろう。

・慎重に

ハーフタイムとは、端座して瞑想すること以上のものである。あるいは、思索し、祈り、活動する以上のものである。ハーフタイムを成功させるには、しかるべき仕組みを必要とする。課題を通して、自らを「歩ましめる」のに役立つ課題設定を行いたい。この課題には、祈り、耳傾け、聖書を読み、思索する時間が含まれなければならない。だが、慎重な問いかけもまた含まれるべきである。たとえば、次の問いのリストが役に立つかもしれない。

・私は今大切な何かをみすみす逃しているのではないか。
・私は何に精魂を傾けているか。
・自分は何者なのか。
・自分は何を大切にしているか。
・一〇年後の自分は何をしていたいか。二〇年後はどうか。
・神が私に与えてくれた贈り物は何か。
・私がまだ用いていない、神が与えてくれた贈り物は何か。
・私は何のために命を捧げられるか。
・仕事のどこに行き詰まりを感じているか。

・仕事を現実的に変えることはできるか。
・幸せになるため、真の自分に近づくために、ストレスの少ない（収入面では今一つかもしれない）仕事をしてもいいか。
・前半戦よりも後半戦を充実させるために、明日からどのような一歩を踏む必要があるか。

自分なりの答えをノートや日記に書きとめてみてもよいだろう。私は毎日、心の自叙伝のようなものを書いている。私という人間の神聖な物語であり、私の中にある高貴な何かを絶え間なく探し出す物語である。それが自己陶酔的で高慢に映るなら、あなたがいまだ前半戦に身を置いているためだろう。あなたにとっての「一つのこと」は、いまだ心の聖所に安置されている。心を開いて、あなた自身の物語のページに答えがこぼれ落ちるのを待とう。

旅をともにする

前半戦から後半戦へのシフトにあたっては、妻なしに想像もできない。妻リンダは、私がこれまで金か十字架かいずれか一つを人生で最も大切なものとして選んで心の箱に入れることを強いられたときも、かたわらにいてくれた。私が十字架を選んだとき、彼女は取り乱しはしなかったが、かといってただ黙っていたわけではない。彼女は問いを発し、提案し、私に公平だった。結婚生活が真のパートナーシップと呼べるものならば、（私はむろんそうあるべきと思う）、配偶者に一言も相談なく、新たな人生を押し付けるのは推奨されるべきことではない。

・正直であること

ハーフタイムをかなうはずのない無謀な現実逃避の手段に利用して、見切り発車する人が見られるが、間違いである。仕事帰りに空想に身を委ねるだけならさほど悪いことではないだろう。しかし、後半戦に漕ぎ出すのは、白日夢とは違う。あなたは、経済状況や、家族との対話、長期目標の設定など、切実な問いに正直に向き合わなければならない。あなたが本気で問いに答えようとするとき、答えをごまかすことなどできない。後半戦を前半戦よりも良きものにするためには、あなたは真の自己を発見しなければならないからだ。前半の多くの時間では、あなたは別の誰かを演じなければならなかった。それは口先だけのものではなく、私たち全員が階梯を踏みしめて登っていく現実にほかならない。対して、後半戦の自己とは、まがいものでない真の自己であり、発見のために十分正直でなければならない。

・忍耐強く

今日の地点にたどり着くまでに、二〇年以上はかかったはずである。一晩ですべてを白紙に戻すなど現実的ではない。あなたは明日も仕事に行かなければならない。請求書だって回ってくる。お客さんは電話での返事を待っている。残りの人生で何をすべきかについての迷いなき海図は、すぐには浮かばないかもしれないし、場合によってはまったく浮かばないかもしれない。

・信じること

キリスト者にとって、ハーフタイムとは基本的に、「信仰のために何ができるか」との問いに答える時間と言ってよい。信じるところを行動に変え、かつ神の導きを信頼してそれへの応答を始めよう。

聖書を通して声を聞き、神との対話の中で、心に置かれた思いに耳を傾けよう。コンサルタントや上司、部下、市場調査にばかり耳を傾けるのに慣れている人にとっては、容易ではないかもしれない。それでも、信頼して耳を傾けていただきたい。

ハーフタイム・ドリル

後半戦に向けて備えるにあたり、前半戦で獲得した資産を糧として、次の問いに答えてみよう。何より正直に、答えを書きとめていただきたい。

ハーフタイムの目的は、腰を据えて自己に向き合い、耳傾け、学ぶことにある。詩篇作者の

ハーフタイムへの問い

1. 私は何をもって憶えられたいか。
人生が理想通りに進展したとき、どのようなものかを書き記してみていただきたい。

2. お金の問題はどうするか。
どれくらいあれば十分か。もし十分であったとするなら、余剰分はどのような目的に振り向けられるか。十分でないなら、状況を是正するために、私は何をしたいか。

3. 自分の仕事を今現在どう感じているか。
今から10年以内に、人生でなしとげたいことはその仕事か。

4. バランスの取れた人生を送っているか。
人生でもっと時間をかけるに値する最重要の要因は何か。

5. 人生で忠誠を寄せるべきものは何か。

6. 後半戦の人生へのインスピレーション、メンター、理想像をどこに求めるか。

7. ドラッカーの指摘する2つの大切な要因は、自己実現とコミュニティである。1から10の範囲（10が最も高い）で、私はこれらの領域で何をしようとしているか。

8. これまでの人生の浮き沈みを表す線を引いていただきたい。あるいは3本の線を引き、一本は個人、もう一本は家族、さらに一本は仕事としていただきたい。どこで交差しているか。どこで分岐しているか。

9. 以下の選択肢のうち、どれが自己の気質や才に最も適している変更か（それぞれを1～10で評価していただきたい）。
   a. 得意なことは続けるが、環境を変える。
   b. 仕事は変えるが、同じ環境にとどまる。
   c. 私的活動を新しい仕事に変える。
   d. パラレル・キャリア（趣味のレベルではない）でダブル・トラック（あるいはトリプル・トラック）を実践する。
   e. 定年を過ぎても、できることを続ける。

10. 子供のために何ができるか。

次の聖句は、前半戦に倦《う》み疲れたあらゆる人の心に響くはずである。

「神よ、私を調べ、私の心を知ってください。私を試し、悩みを知ってください。ご覧ください。私のうちに偶像崇拝の道があるかどうかを。とこしえの道に私を導いてください」（「詩篇」一三九：二三～二四）

第8章　何を心から信じているか

事実を受け入れるとき

私は神を信じていなかったときを思い出すことができないのだが、世論調査で裏付けられてもいるように、多くのアメリカ人ならこの見解に同意してくれると思う。しかし、どういうわけか、私たちの多くは、神を知るということについて、おぼろげな不信と確信の間で立ち往生するかのようだ。なぜなのか。なぜ私は神が本来どのようなものかを突き詰めるのに前半戦の時間を費やしてしまったのか。

この信仰に伴う葛藤それ自体は、悪いことではない。なぜなら、つまるところ神とはシンプルであるとともに多元でもある。全知にして全能の概念は、一人で抱えるにはあまりに果てしない。この葛藤とは、前半戦の自分自身の本質的なあり方からくる。私たちの「征服」モード全開の間、華々しい仕事上の成功とか経済的達成というものが追求されることになるが、知らず知らずのうちに神を業績リストに追加してみたり、数値化したりしようとする。私たちは、少なからぬ確信とともに、神を獲得したと言いうるまでに、研究し、分析し、解明を行おうとする。

そのようなところでは、私は教会がそれほど役に立っていないのではないかと思う。なぜなら、信者席に座し、献金を行う私たちは、心から信じてやっているようには見えないからだ。しかし、日曜ごとに教会に通う何百万もの人々は、ほとんどの場合、神を固く信じているからこそそうする。彼らは無神論者でもなければ、異教徒でもない。神を畏れるとまでは言わずとも、神を求めて休日に起き出して、身支度を整え、教会に行くのだ。彼らのほとんどは、教会に行くと、一時間かそれ以上も座って、すでに十分信じているはずの説教に耳を傾ける。

そんなことが長続きするわけはない。あなたは、多くの説教を聞き、聖書研究会に出席し、多くの時間を内省的に過ごすだけである。ハーフタイムとは、神を頭で理解することから、体験することを学ぶ格好の機会ともなりうる。神を十分に理解できなかった事実、そして信仰によって、あなたが神によって知られ、また愛されていることを虚心坦懐に受け入れるべき時である。ジム・ラッセルは、ミシガン州のビジネスパーソンであり、事業を一から立ち上げて大成功を収めたが、後にかけがえのない時間と労力の大半を後半戦の神の王国建設に投資するようになった。キリスト者の多くを神への信仰に導く方法として、氏はエイミー賞を設立した。これは実にシンプルである。ごくふつうの新聞や雑誌で、聖書を引用し、キリストの教えを強める記事を書いた人に賞金（一位は一万ドル）を与えるものである。

ラッセルの目標は、キリスト者が隠れていたところから出て、多様な文化の中で自己のふさわしい位置を獲得する力になることにあった。彼の持論は、「勝利はすでに勝ち取られた」というものだった。というのも、大多数のアメリカ人は福音を聞いて肯定的であるものの、自身の信仰をどう取り扱ってよいか知らずにいるという。キリスト者が自己の信仰にどう応ずべきかを知りさえすれば、この国を変えられると信じていた。保守的なビジネスパーソンからすればかなり過激にも見えるが、その主張は注目に値する。

あなたは信じているか

しばしば、私たちは聖書のシンプルな真理をややこしくしてしまっている。

それは「主イエス・キリストを信じれば救われる」というものだ。このような慰めに満ちた驚くべき言葉は、教会への所属を必須とするものではないし、神学を究めたり、議論で「正しい」立場を堅持したり、慈善団体への寄付などで、イエスとの正しい関係ができることを意味しない。これらのことはさして重要ではないが、過剰に意識し過ぎているのではと自己に問うてみるときであるかもしれない。そんな時は、こんな風に自分に問いかけてみるとよいだろう。「これは私が残された生涯を賭けてやっていきたいことなのか。キリストへの信仰とは、このようなものなのか」

御言葉によれば、キリスト者になるとは、ただ受け入れ、信じることである。イエスを神の子として受け入れ、イエスのみによって罪から救われると信じることで、あなたは一塁に立っていることになる。信仰と格闘する必要はない。なぜなら、それは解決済みなのだから。

あなたは信じているか。素朴に、幼子のように、神を箱に入れると覚悟するまでに、信じているか。信仰から行動への飛躍によって、人生の後半戦に乗り出す備えはできているか。

私がマイク・カミのところに赴いたとき、私は自らキリスト者と信じていた。結局のところ、私は幼少期から信仰の賜物を与えられていたからだ。だが、前半戦に身を置く多くの人々同様に、私の信仰はどこまでも個人的なものであり、他者と分かち合う備えができているとまでは言いがたかった。マイク・カミという洞察力に恵まれた無神論者は、劇的に人生を変えるすべをもって、私にとってたった一つのものを問うことで、信仰の問題に決着をつけさせたのだった。

私の友人に、できるビジネスパーソンがいる。多くが彼を成功者と認める。彼は、シンプルなアイデアで大出版社を設立し、多くの成功の装身具を手に入れた。加えて、美しい妻と絵に描いたような素敵な家族、しかも教会員としても活発だった。スリムで筋肉質で、四〇歳そこそこだし、明日にでも引退して、余生を何不自由なく暮らせる。だが、あにはからんや彼は妻に去られようとしていた。私は奥さんの人生に「他の男性」はおらず、彼もまた奥さんに誠実だったのをよく知っている。また、二人がお互いに愛し合っていることも知っている。しかし、箱にたった一つを入れることができなかったために、アメリカの家族にめずらしくない悲劇に襲われようとしていた。前半戦の典型的なパターンとして、彼はすべてを手に入れようと望み、すべてのボールを空中に漂わせていることで、自分自身と家族に対して破壊的になっている。

箱のふたが開く時間はごくわずかである。自分でたった一つの何かを選ばなければ、人生の惰性が勝手にそれを選んでしまう。彼が自ら断固たる決断を下さなければ、仕事が勝手に心の箱の中に収まってしまう。私の想像では、教会内で起こる離婚のほとんどは、心の箱の中を誰かに決めさせた結果であり、自己の信仰をどう行動に落とし込むかという課題をなりゆきに任せた結果なのだ。

なぜこの問題に決着を与えることがかくも大切なのか。前半戦では、あまりに多くのものがあなたを人生でかけがえのない問題から遠ざけてしまっていた。だが、今あなたはハーフタイムにおり、それでも、これ以上、答えを見つけ出さずして、足はもはや前に進まない。かすかにささやく声がついに脳裏から離れなくなったのだ。素通りして戻ることはできない。

後半戦を前半戦とは違う、良きものにしたいのであれば、どうしても避けて通ることのできない問いがこれである。

「あなたの心の箱の中には何があるのか?」

第9章 「たった一つの何か」

「これだよ。（人差し指を立てる）」

ハリウッド作品を一つ例に取りたい。

映画『シティ・スリッカーズ』の見せ場と私が考えるところだ。ビリー・クリスタルとジャック・パランスが好演するシーンである。

設定を確認しよう。ミッチ（クリスタル）とカーリー（パランス）の二人は、馬上でゆったりと山地を越えながら、人生や愛を語り合う。パランスは苦み走ったカウボーイを演じ、ミッチはロサンゼルスから来て二週間分の牧場休暇代金を払っている都会の男性だ。もちろん彼は支払った以上のものを手にし、自己について大切なことを学ぶ。

二人の会話に注意深く耳を傾けてみていただきたい。

ミッチ：それが終わった瞬間、彼女は宇宙船に戻り、永遠に飛び去ってしまう。君はどうだい。

カーリー：彼女は赤毛なのかな。

ミッチ：そのようだね。

カーリー：赤毛は好きだ。

ミッチ：結婚は？

カーリー：いや。

ミッチ：恋に落ちたことはある？

カーリー：一度だけ。テキサス州パンハンドルで牛の群れを追っていたときだ。日暮れ時に小さな農場を通り過ぎた。畑で若い娘が泥まみれで作業していた。その時、彼女はすっくと立ち上がって背を伸ばした。ちんまりした綿の服をまとっていた。沈む太陽が彼女の真後ろから差し込んで、神が彼女に与えた姿形をはっきりと映し出していた。

ミッチ：で、どうしたんだ。

カーリー：すぐに去ったよ。

ミッチ：どうして。

カーリー：それ以上のものなどないだろうと悟ったから。

ミッチ：うん。でも、もしかしたら、一緒になれたかもしれないじゃないか。

カーリー：それなりに女性とは付き合ってきたけどね。
ミッチ：そうだな。彼女は君の人生の最愛の人だったのかもしれないよ。
カーリー：そう思う。
ミッチ：いいね。いや、よくないな。まずいことだよ。カーリー、君はかけがえのないものを逃したんだ。
カーリー：そうすることを選んだんだよ。
ミッチ：僕ならそうはしないだろうな。
カーリー：それは君の選択だろう。カウボーイの生き方は違う。カウボーイが、まだ存在したときのことだがね。もはや絶滅種だ。それでも俺には大事なことなんだ。二、三日したら、この群れを川を渡って谷に追いやるんだ。ああ、（微笑んで）群れを追うにまさることはないね。
ミッチ：ほら、それがいいんじゃないか。君の人生は、君にとってきちんと意味がある。
カーリー：（笑）
ミッチ：何？　何がおかしい。
カーリー：君ら都会の人はいつもそうだ。いつも何かに心を煩わされている。
ミッチ：妻が言うには、あまり僕に近くにいてほしくはないという。
カーリー：奥さんはやっぱり赤毛か。

ミッチ：いいや、ただ言いたいのは……。

カーリー：君は何歳になったんだ。三八歳あたりかな。

ミッチ：三九歳だけど。

カーリー：なるほど。君らは皆、同じ年頃にここに来る。同じ問題を抱えてる。年に五〇週費やして、ロープの結び目を作って……それから、ここで二週間過ごせば、ロープがほどけると考える。でも何も得られない。（長い沈黙）君は、この人生の秘密が何であるか、知っているか。

ミッチ：いや、何だ？

カーリー：これだよ。（人差し指を立てる）

ミッチ：指か。

カーリー：一つだけ。たった一つのこと。それだけにこだわれば他のことはどうでもよくなるんだ。

ミッチ：いいね。でも、その一つとは何だ。

カーリー：それは君自身が見つけなければならないものだよ。(1)

たった一つのこと

あのシーンを初めて見たとき、即座に真実を衝いた喩えとして得心しないわけにはいかなかった。前半戦を生きる者にとって一種特有の響き方をするものであり、切実さと叡智をもって迫ってくる。ジャック・パランスは、酸いも甘いもかみ分けた老哲学者であり、ステットソンのハットを目深にかぶり、唇にたばこをくわえて、ゆったりと叡智の言葉を示してくれる。とりたてて上品な作法ではないが、その野性味は雄弁である。

パランス扮するカーリーの語るところは、著名な港湾労働者にして哲学者エリック・ホッファー（一九〇二～一九八三年。アメリカの独学の社会哲学者）に類似しており、「急かされている感覚は、いきいきした人生の結果でもなければ、時間がない結果でもない。逆に、人生を無駄にしているのではないかとの漠然とした不安から生まれる。なすべきことを一つもなさずにいるとき、私たちは他のことに時間を割くことができない、世で最も多忙な者である」と鋭く指摘する。(2)

前半戦では、自分が世界で最も多忙な者の一人と感じてきたことだろう。だが、後半戦を成功させる鍵は、「たった一つのこと」を見つけ、聖書が言うところの「喜び」や「祝福」を見つけることだ。

それでもほとんどの人は、自己の「たった一つのこと」を見つけられない。しかし、人生の前半戦が終わりに差しかかる中、未解決の一部は、すでに自分が知っているもののどこかにある。ビリー・クリスタルが演じたように、私たちはそれを見つけ出したいと切に願っているが、どこに目を凝らせばいいのかよくわからない。あまりにも頻繁に、私たちは一時の安心感を手にするだけのために、稼ぎ、消費する、プロジェクトやコンペに勝つ、人脈を広げるなどで空白を埋めようとする。

著書『インサイド・アウト』のラリー・クラブは、この切望を「自己の中心にある空洞……魂の核心的欲求」と呼び[3]、一七世紀のフランスの哲学者ブレーズ・パスカルは、「神の形象を取った真空」とも呼んだ。最初に仕事で成功の味を知り出した頃、この核となる欲求を、何かを貯め込んだりなしとげたりすることで満たしてきたはずである。前半戦は誰しもが狩猟モードであることを思い起こしてほしい。その証拠は屋根裏部屋やガレージ、クローゼットにある。また、娯楽やレジャー、社会的活動にどれだけの時間を割いているのかもそうだ。

すべて浪費なのか。もちろん、そうではないことをあなたは知っている。しかし、自分だけの「一つのこと」を見つけたいとの切なる願いは、決して満たしてはくれない。

それはかつて知っていたものであり、あなたを抜きん出た存在にしてくれるものである。神は、あなたの人生に「たった一つのもの」をPCのソフトウェアのようにプログラムしている。使徒パウロは、エフェソの教会への手紙の中で、このことを書き送っている。「わたしたちは

神の作品であって、良い行いをするように、キリスト・イエスにあって造られたのである」（「エフェソ人への手紙」二：一〇）

一つのこととは、かけがえのない一部にほかならず、超越的な次元にある何かである。誰かの真実を自身に重ねたり、誰かの目標を自身にすり替えたりするのではなく、あなただけの真実を発見することである。

心の箱の中を知ることで、誰が、何が、人生の礎かがはっきりとわかる。また、信仰の問題にも決着がつく。しかし、心の箱の中身を特定するだけでは十分ではない。あなたは誰が箱を持っているのか、神によって創造されたかけがえのない個人としての自分が何者なのかを知らなければならない。目的は何か。何があなたをつき動かしているのか。対価なしでやっても楽しいと思えるほど実に巧みにできることは何か。情熱は何であり、わずかな風でぱっと燃え盛る火種は何か。

私たちは人生の前半戦では、正しいと考えることを行うのに精一杯で、こうした問いを発することはない。しかし、「正しいこと」が自分の「たった一つのこと」でないように思えてきたのなら、すでに前半戦の終了が秒読みになっている。ドラッカーの言う、「効率的であること（どう正しく行うか）」と「効果的であること（何を正しく行うか）」の違いである。

パランスがクリスタルにしたように、私はもっとお役に立ちたいのだが、「その一つ」を見つけ出すのは、あなたにしかなしえない仕事である。私が心からの確信をもって言えることは、仕事のアポから教会の会合、子供のサッカーの試合から友人との夕食、就寝まで一日中駆けずり回ったとしても、目的や方向性といった感覚を手にすることはできないということだ。たった一つを見出すための神との孤独な時を過ごすだけの時間を持てずにいるのなら、いまだその備えはできていない。

第10章

偉大なるシフト——成功から意義へ

「人生の不幸の源は二つある。一つは欲しいものが手に入らないこと、もう一つはそれが手に入ってしまったこと」

——バーナード・ショー

抑えがたい欲求

前フィラデルフィア市長のウィルソン・グードは、なぜ退任後、教会を渡り歩いて、一〇代の非行少年少女や若年犯罪者更生のメンターを探し回ったのか。あるいは、マイケル・ジョーダンは、なぜ世界最高峰チームのスター選手をあっさりと手離して、他の競技のマイナーなチームに移籍したのか。

なぜトム・ティアニーは、ベイン・アンド・カンパニーズCEOでの億単位の地位を投げ打って、中堅非営利団体に特化したブリッジ・スパンを設立したのか。何より、なぜあなたは転職や独立支援サイトをネット・サーフィンして、転職先や、ささやかなレストラン・オーナー、もしくは短期宣教を夢見ているのか。

前半戦の終わりを迎える人にしばしば見られる特徴の一つは、成功から意義への抑えがたい欲求である。前半戦では社会での地位を確立し、経済的安定を目指した後、後半戦では意義ある何か、地位や収入を超えた何かをなしたい。

成功の何もかもが悪いというわけではない。アメリカは成功に目がない。それには、しかるべき理由がある。校庭の鬼ごっこであれ、教室でのスペリング・コンテストであれ、私たちは早くから一等を目指して競争するよう仕向けられている（私は今でも、オクラホマ州オクムルギーの小学校一年生のスペリング・コンテストで優勝したときのことを昨日のことのように憶えているくらいだ）。高校生なら、首席卒業、一流大学合格、一流企業就職のためにがむしゃらに勉強する。一方、そんなトップ・ランナーばかりをかき集めた経営者は、一流誌『ベスト・オブ』リスト上位に自社の名が掲載される日を夢見る。

私はずっと事業をしてきたわけだが、二番手でかまわないなどと公言する会社はお目にかかったことがない。またそうあるべきでもない。一番を目指すとは、前向きな動機付けであり、経済活性化のみならず、抜きん出た成果達成へと人生全体を衝き動かすエンジンである。たとえ賞に手が届かなかったとしても、努力したこと自体が期待を超えて私たちを引き上げてくれる。

良き人生とは、肯定的に表現するならば、「うまくことをなしとげたい」との健全な願望の結果にほかならない。しかし、成功に至る中で、私たちは「成功だけでは十分でない」というしるしに気づき始める。本書を手にするあなたにもきっと覚えがあるだろう。たとえば次のものである。

・一〇年前と違って、大きな案件をものにしてもわくわくしない。
・後輩たちがぐんぐん力をつけてくる中で、張り合うことなく、メンター役を買って出る。
・新しく何かを始めたり、責任の低い地位に移ったりすることで、もっと人生の手綱をしっかり握れたらと思う。
・安定した地位にありながら、転職を考えて頻繁にネット・サーフィンをする。
・提案の売り込み方より、クライアントの心を動かすものを知りたがっている。
・ずっと夢見てきた家族や教会での時間を増やすべく職場を去った同僚に羨望を感じる。
・すべての休暇を使い果たしてしまい、予備休暇まで取得するようになった。
・「最低いくらあれば十分なのか」と自問するようになった。
・上司から昇進をほのめかされても、前ほど心躍らない。
・起業を真面目に考えるようになった。
・心に住む一〇代の自分から、不意に「本当の人生を送ろう」と言われた気がした。

ある成功者の挫折

心理学者ドナルド・ジョイは、かつて、人は四〇歳を過ぎると間もなく、大きな何か、わずかに指先に触れないいくらい先にある事業に取り組むと述べている。農家であれば、資金を借り入れて農場を拡大し、郡一番にしようとするなどだ。一流企業の中堅社員であれば、起業すべく退職・独立する。あるいは、余暇で行っていたことを研ぎ澄まそうとするかもしれない。趣味でロッククライミングを嗜む人なら、誰もが知る山の登攀《とうはん》を目指すとか、土曜日の船を趣味にする人が、単独で外洋クルーズに打って出るなどがそれにあたる。

この野心的な一手をもって、仕事とは違う世界を築くと思いきや、実はそれ以上のものがそこにはある。人生のハーフタイムにさしかかると、私たちは、売買し、管理し、成果を上げることでできるのは限られていると知る。また、自分がいつまでも生きているわけでないこともわかってくる。結局のところ、私たちの成功は、それに見合う意義がなければ空しく、しかも前半戦に得た多くに永遠を感じさせるものは含まれていない。

ハーバード出のある成功者は、事業での経験を次のように述べている。

「虹の向こう側に埋められた金の壺には、ぽっかりと空洞があっただけだった」

私の友人のハワードを見てみたい。数年前、彼は四〇代半ばで、地元最大規模を誇る会社の

ＣＥＯ等の要職を務めていた。彼はまた、私も所属したＹＰＯ（Young Presidents Organization）と呼ばれるばりばりの成功者ばかりの会合でも、とびぬけたやり手だった。

業界紙は、彼を「ホオジロザメ」「熱探知ミサイル」になぞらえもしたものだったが、それは誉め言葉であって、本人もそう受け取っていた。ハワードが担当していた部門は、サービス業を営む超大手持株会社の中でも花形であり、いつかはニューヨークに異動し、トップになるのではという噂もまことしやかにささやかれていた。

ハワードは超成功者だった。数年前、ＹＰＯの会食で、彼は成功の秘訣を明かしてくれた。

「仕事が大事なんだよ」と彼は語った。「週四回、クライアントとの会食があるんだ。あまり家にはいられないが、家族は仕事が第一なのをわかってくれないと困る。休暇ではそれなりに張りのある時間を過ごしているが、一年のうちでは知れたものだ。そんな具合でやっているんだよ」

そんなハワードを不運が襲った。事故で一人息子を失ったのだ。

心の備えなど彼にはなかった。まったくなかったのである。悲しみに打ちひしがれ、あらゆる答えのない疑念にさいなまれた。事故後、ＹＰＯの会合でハワードに会うと、彼は静かにこう語った。

「僕はどうすればいいかわからない。実は話があってね」

しかし、その後彼は電話してはこなかった。むしろ一心不乱に仕事に打ち込んでいた。しかし、何かが折れてしまった表情が目には浮かんでいた。もはや仕事は彼の役には立ってはくれなくなっていた。

数か月後、YPOの会合で私は再びハワードの隣に座った。私に顔を近づけ、年末までは残るが、翌日の新聞には辞任と後任人事が載るはずだと言った。その後どうするかは決めていないが、仕事は人生の時間を傾けるのに、もはや心をときめかせてはくれなくなったと言った。

意義へのシフト

その時、ハワードはにっこり笑って、前の週いっぱいで大口取引先には電話で退社を通知済みだと言った。「電話していたとき、不思議なことが起こったんだ。彼らはみんな僕と同じだ。年代も同じだし、やり手だし、粘り強く、がつがつしている。その時僕は彼らの口から一様に同じ言葉が発せられるのを耳にした。まず二〇秒くらいの沈黙があってから、こんなことを言ったんだ。『先を越されたな。妻と同じことを話していたんだ』」

先日、ハワードの事務所に電話したとき、レクリエーション・センターでスラム街の子供たちとバスケットボールに熱中しているとのこと。まだ平日の午前一〇時だ。秘書は「折り返し連絡する」と言ったが、私は「急いではいない」と返した。

ハワードは、私の目の前で前半戦からハーフタイムに突入した。彼は、心の箱の中身を発見していた。しかし、残念ながら、彼が本当に目を向けるのに、「挫折」がなくてはならなかった。

成功とは、しばしば心の箱を背負いながら、その中身を知らずに頂上を目指すことでもある。意義というものは、そこがどこであれ旅の途中で立ち止まって、心の箱の中を確認し、それを中心に人生を組み立て直すことから始まる。キリスト者にとっては、神を心の箱の中に置き、その導くところに従うことを意味するだろう。残念なことだが、事業で成功を収めたキリスト者は、教会に多額の寄付をするだけの人たちと見られている。そんなビジネスパーソンが、自身を神に捧げる方法を見つけたとき、はじめて意義が創生される（本当に心の箱の中に神がいればの話であるが）。時に転職しなければならない場合もあるし、そうでない場合もあるだろう。だが、いずれにしても、意識を変えることは常に必要である。デニス・オコナーとドナルド・M・ウルフは、『組織行動学ジャーナル』で、この意識の変化を「個人のパラダイム・シフト（知覚、信念、価値、感情のシステムの根本的変化）」と呼ぶ。(1)私ならこれを時に「個人の神話世界の棚卸し」と呼ぶだろう。

私にとっては、仕事を誰かに委ねて、教会指導者たちと汗を流すことを意味した。それが私の天職であるし、神が導いていると感じた方法だった。以前は、相当の収入から一〇分の一を献金し、時々志を加えていたが、今は、神によるふさわしい信条に対して約七五％を捧げている。

ご存じのように、私は、神が人を特別な能力や気質に創造されたのに対して、それらと縁もゆかりもない仕事を要求するとはどうしても思えない。かくも理にかなった創造主が、なぜ人に関して設計思想を変えることがあろうか。

システム・アナリストとして輝かしい実績を残したある知人のことを私は思い出す。彼は、ハーフタイムに差しかかり、自己の時間と才をさらに神に捧げる方法はないかと思案していた。その時、教会のさるおっちょこちょい牧師が、中学生の日曜学校のクラス（ちなみに私もこのような活動を行ってきたが）をボランティアで教えたらどうかと背中を押したという。しかし、彼なら、コンピュータやビジネスのスキルを介して、教会にとって価値を提供できたはずだ。彼が望んでいたのは、成功から意義へのシフトだったが、ほとんど確実に失敗に導かれたようなものだった。

あなたならどちらを選ぶか。

意義へのシフトでは、一八〇度の軌道修正など必要ない。その代わり、心の箱の中にあるものに関係する何かに才や時間をもっと存分に活用できるよう調整するのがよいだろう。初心に戻ってわくわくしながらそれを行うのだ。神はあなたの人生の後半戦に輝かしい計画をお持ちだ。好きなこと、強みで仕えることだ。

第11章 重心を見つけ、そこにとどまれ

「回る世界の静止点に……舞踏がある。過去と未来が結びつく一点で……現実的な欲望からの内なる自由、行動と苦しみからの解放。内的・外的な強制からの解放」

——T・S・エリオットの「四つの四重奏曲」を翻案
（スティルポイントファームの壁に書かれた墨書）

人生の現実

私はどんな時も重心に引き戻されてきた。前半戦で何かを追いかける不安と、その間の倦怠の交錯する時期に、私はいつもどうにかしてそこに戻るルートを探り当てることができた。私の性《さが》だったのだろう。

「重心への回帰」が前半戦においては運であったとすれば、現在私は意識的にそれを選択できるようになった。運に頼れるのはごく一時のみである。前半戦の終わりを告げる警告の一つ

7つの葛藤

①神への奉仕 vs. 金儲け

②愛 vs. 競争

③人の要求 vs. 利益への義務

④家族 vs. 仕事

⑤成功に直面しても個のビジョンを保つ

⑥慈善事業 vs. 富

⑦さまざまな人がいる職場で忠実な神の証人となる[(1)]

は、「どちらか一方に時間をかけ過ぎてはいけない」というものである。人生の現実である「創造的緊張」を、ふさわしいバランスのもとに見出し、保持することだ。ハーフタイムは、一旦立ち止まって、私たちが挟まれている両極を確認し、後半戦をどう調和的に生きていくかを決める機会を与えてくれる。

それは十分可能だ。

ハーバード大学の倫理学者ローラ・ナッシュの名著『ビジネスの世界の信仰者たち』（未邦訳）には、市場という生き馬の目を抜くごとき世界に生きるキリスト者のエピソードが豊富に収載されている。ナッシュはこの本のために、六〇人の福音派のCEOを対象に調査を行い、彼らが仕事との葛藤の中でどうバランスを取っているかを明らかにした。

まず、ナッシュが描くビジネス界のキリスト者に共通する七つの葛藤を見てみよう。

どこか見覚えはないか。あなたは、こんな両極に挟まれていると感じないか。この葛藤から顔を背けたいと感じるのなら、あなたはまだ前半戦にいるのだろう。しかし、避けるのではなく、何らか自己に必要なものを感じ始めたのなら、あなたはハーフタイムに入ったのだろう。後半戦への旅では、葛藤への処し方を学ぶことで、それを和らげる方法を見つけるだろう。言い換えれば、葛藤自体が消えてなくなってはくれず、常にそこにあるものであって、悪いものではないと知る中で、心の平安は得られる。

ナッシュは、六〇人のクリスチャンCEOが葛藤に前向きに処するにあたって、バランスと信仰の二つをキーワードに挙げているのは、ほとんど拍子抜けするほどにシンプルなことに聞こえると述べる。どこかで聞いた話だと思うなら、聖書が次のことをはっきり教えているためだろう。人生には時として、どちらか一方しかないということはなく、矛盾それ自体が悪いことでないと。「コヘレトの言葉」三に次のようにある。

「天の下では、すべてに時機があり
すべての出来事に時がある。
生まれるに時があり、死ぬに時がある。
植えるに時があり、抜くに時がある。
嘆くに時があり、踊るに時がある」

「私は、神が人の子らに苦労させるよう与えた務めを見た。神はすべてを時に適って麗しく造った」(一〇～一一)

喪失の恐怖

パウロもまた、人生の矛盾を語っている。

「あらゆる場合に自分を神に仕える者として推薦しているのです。大いなる忍耐をもって、苦難、困窮、行き詰まりにあっても、鞭打ち、投獄、騒乱、労苦、不眠、空腹にあっても、純潔、知識、寛容、親切、聖霊、偽りのない愛によって、真理の言葉、神の力によってそうしています。また、左右の手に持った義の武器によって、栄誉を受けるときも、侮辱を受けるときも、不評を買うときも、好評を博するときも、そうしているのです。私たちは人を欺いているようでいて、真実であり、人に知られていないようでいて、よく知られ、死にかけているようでいて、こうして生きており、懲らしめを受けているようでいて、殺されず、悲しんでいるようでいて、常に喜び、貧しいようでいて、多くの人を富ませ、何も持たないようでいて、すべてのものを所有しています」(「コリント信徒への手紙二」六：四～一〇)

水際からの風景は、これでほぼ網羅されているのではないか。アブラハムやヨセフ、モーセ、ダビデ、使徒たちなど、聖書に登場する英雄たちにとってもいささかも変わることがなかった。

だとすれば、快適で先の見える人生を期待する私たちはいったい何なのか。むしろ、私たちは緊張と矛盾の中のどこかで生きるよう定められている。寛容の精神で生かされているだけではなく、実際に繁栄する。スポーツの試合において、それは「ゾーン」と呼ばれる。勝敗、自然と超自然、人と精神といった中にある緊張が、一ゲーム、一プレー、一打の時間空間に凝縮される瞬間をそう呼ぶ。

残念ながら、高度に組織された宗教は、そんなもやもやからは距離を置けと言う（私の知るある牧師は、説教壇を称して「世のごたごたを見下す一〇フィート上の安全地帯」と言っていた）。中世にさかのぼると、修道院や宗教団体は、自らを罪や街の喧騒からの避難所と見なしてきた。今日、私たちはまだ、真剣な宗教生活を、世間と隔絶されたもの、専門職だけのものと見なしている。

だが、現実はそうではない。キリストは混乱の中、死の陰の谷で、道標なき隧道で、私たちに出合い、ともに働いてくださる。リオ・グランデ川上の尾根で、レンタカーのハンドルをがんがん殴りながら、失った息子への悲しみに慟哭し、涙と鼻血がセーターを流れるに任せた、恐怖と苦しみのあの時も、私と共にいてくださった。

彼は私のそばにいる。

前半戦にいるほとんどの人々は、人生を整然としたもの、宗教を合理的なものとしたくてしかたない。だが、現実には、私たちは秩序と混乱、既知と未知の両極間で宙づりにされている。

前半戦の問題を解決し、自己の人生に首尾一貫した意味を見出したいとの欲求の手綱を手放したときのみ、私たちは緊張の中であってもしなやかに生きられるのだ。

絶妙なポイント「Jゾーン」

私は自身の巡礼の旅で、この絶妙なポイントを「Jゾーン」と呼ぶようになった。両極にあるのは、不安と倦怠である。どちらも快適ではなく、一方からもう一方へ、何度も行ったり来たりする人生も快適とは言えない。しかし、私たちの多くは、前半戦をそんな風に生きてしまっている。

不安と倦怠の両極で快適に暮らす方法を学び始める機会は、私が心の箱の中を知った後になって初めて訪れた。重心である「イエス」に近づくほどに私は矛盾を受け入れられるようになった。不安と倦怠は依然感じていたが、今私は受け入れられる。ある日私は大きな取引をまとめようとし、翌日はチョーサー（イングランドの詩人）を手にしていたが、中間にある超越した何かを目にした気がした。「Jゾーン」では、仕事と家庭の一方だけではなく、信仰と市場は互いに弾き合うものでないこと、勝負はどちらもまたよしとすべきことを見た。

「Jゾーン」でどうバランスを取るかを成功と勘違いしていただきたくはない。イエス・キリストを人生の重心に据えることが私に成功をもたらしたかというと、それは正直な言い方ではないし、誤り導いてしまうようにも思われる。だが、私にとっては、あなたと同じように、それによって価値ある飲み物が私のカップに注がれて、成功への渇きを癒してくれたのは確かである。

一つ例を挙げさせてほしい。マイク・カミに会って、「心の箱の中に何があるか」との問いに答えてから間もなく、私はとてつもないレベルの事業機会に遭遇した。願ってもない取引だった。あえて飛び込むかどうか思案していたところ、偶然にもワシントンD.C.行きの飛行機で通路を挟んで隣に座っていたのは、さる連邦政府の主要機関のトップで、私が考えている投資と大いに関係がある人物だった。ありがたいことに私は個人的にも彼を知っていた。というのは、彼はかつて私の弁護士だったからだ。

私は彼にこの機会を説明し、一方で企業家としての才を生かしてキリストに仕え、時間の大半を奉仕活動にあてたいとの切願を伝えた。同じ立場だったらどうするか尋ねてみた。迷うことなく彼はこう返した。「私にはあなたは頂に立っているように見えますね。それは誘惑です」

私が彼に「聖書を学んでおられるのですか」と尋ねると、「それほど熱心とは言えませんがね」との答えだった。しかし、私は、彼がどこかで、何らかの形で、聖書の真理を引き出していると思った。ホテルに着いて私が最初にしたことは、ベッド脇のギデオン聖書を開くことだった。まさにどんぴしゃりとはこのことだった。私の友人が指摘したのは、「マタイによる福音書」で、悪魔がイエスを試みた三つの中の二つ目だったからだ。誘惑とは、イエスが偉大なことを行うよう、あらゆる重力の法則に逆らい、神が自然法則を破ってまでイエスに特別の加護を与えるとの証明を行うことだった。誘惑者の声は言う。「やってみろよ。千載一遇の機会だ。警戒なんか風に投げろ！　こんな機会は二度とないぞ」

私がその時目にした案件は、ビジネス界の重力法則のいくつかを無視したものだった。うまくいけばとんでもないリターンが期待できるものの、私とは縁もゆかりもない税金絡みのベンチャーだった。私の内なる声は、叫んだ。「人生はそんなに甘いものじゃない。自己の知ることに集中しろ。持っているもので勝負するんだ」

またしても熱心なキリスト者でもない誰かが、私を聖書が私たち皆のために有する真理へと導いてくれた。私たちが今まで以上に気づき、敏感になるだけで、神はあらゆる人を用いて力になってくださると、私はこれまで以上に確信するようになった。先の彼は、私がぼんやりとしか感じていなかったことを、はっきりと見抜いていた。彼との会話は、迷いがちな私を、持って生まれた重心に引き戻すべく舵取りをしてくれた。ワシントンD.C.から戻って、私は電話をとりあげた。「この取引は、私抜きで行ってほしい」

前半戦の私であれば、敗北と思っただろう。しかし、後半戦の私は、勝ち負けではなく、自己が何者で何のためにここにいるのかを知る高次元の学びと受け止めていた。

何かを失ったとき同様の学びがあるのなら、あなたは後半戦の備えを始めている。

第12章　現状にとどまり、ゲームプランを調整する

不毛なラット・レース

私の後半戦は、身を粉にしてのフルタイム仕事から離れたときに始まった。そんなことは誰にでもできることではないだろう。しかし、すぐにできなくても、意義ある後半戦を持つことは可能である。

ハーフタイムに入るあたりには、仕事への見方は、「ただでもできるくらい好き」から「いくらもらっても耐えられない」までさまざまだろう。私は幸いにも前者にかなり近かったが、後者だって少なくないのを私は知っている。実際、仕事が好きではないが、生活のためやむをえずという人はかなり多いのではないか。

私は歩合制のセールス・パーソンだったある若者を思い出す。彼は、何かを売らなければ一セントも手にできない一人だった。基本給もない。コミッションで給料をもらうこともない。ただひたすらドアをノックして、雑貨店や金物店向けの小物やアクセサリーなどの安価な商品

を販売していた。

しかし、優秀だった。彼はついに六桁の収入を得るまでになった。売った小物はとんでもない数である。他のセールス・パーソンと同じように、彼はやる気満々だった。あまりに熱心なので、私は彼がどれくらいセールスという仕事を愛しているかを聞いてみた。

答えはこうだった。「好きではないです。でも、給料がいいいんですよ」

私は、息子のロスが「生きるために働くのではなく、働くために生きたいんだ」と常々口にしていたのを思い出した。

私にとって仕事は心から与えることを要求したし、また、喜びと少なくない収入をもたらしてくれた。取引をまとめ、交渉し、握手で成約するほどに心躍ることはなかった。戦略を練るのも好きだった。成功して、名声も得た。そんな仕事を他のチームに委ねるのはたやすいことではなかった。ある意味、仕事とそこから得られる喜びを取り去ってしまうものだった。

ある人々は、私がそうだったように、仕事から離れさえすれば、問題はほとんど自動的に解決すると思っている。実を言うと、ハーフタイムの成功は、「逃げ」からは始まらない。嬉々として後半戦に進んでいく人々を見て私が学んだのは、逃げ場でも、中年の危機でもなかった。人生の何か否定的なものではなく、あなたが感じる肯定的な希望や野心への正当な反応であるべきということである。多くの人が前半戦にとどまってしまう理由の一つは、彼らの関心が貢献や才、天職よりも、不毛なラット・レースにばかり焦点が当たっているためである。だからこそ、好きなことをもっとできるようにする中年期のシフトをろくに突き詰めもしないで、やみくもに船から飛び降りてしまう。あるいは転職する。事業を始める。独立する。

いずれも悪い選択肢ではないと思うが、一つ言わせていただきたい。「すべてを投げ出してしまいたい」との衝動に身を任せないよう気を付けてほしい。後半戦とはそもそもそういうものではない。私は、後半戦に突入した後も、同じ仕事を続けている。今もって一攫千金の人もいる。後半戦の成功の鍵は、転職ではない。心機一転、世界観と人生観の重心を変えることだ。新しい仕事に就くかもしれないし、現職にとどまるかもしれない。通常は、中間に位置することが多い。

人工地震探査

私はテキサスの出だからか、石油事業がどうしても頭に浮かんでしまう。お世辞にも専門家とは言えないものだが、ぜひ覚えておいてほしいことがある。私が見聞した一つの事実として、いきなり掘削地点を確定し、そこをドリルで掘ればいいというものではないことがある。リスクを最小限に抑えたいのであれば、人工地震による探査を行わなければならない。基本的にはそれが何を生み出すかを地形から緻密に割り出す作業だ。地下の地層の規模や形状は知ることができないので、電子機器を用いて、いくつものポイントから地層に向かってソナー状の衝撃波を射出する。さまざまなポイントから見ることで、目当ての姿を現し始める。

後半戦の人工地震探査で言えば、「地層構造」とは、どのように人生を再構築していくか、ぼんやりした部分を指すと考えてほしい。自己のアイデアは規模も形状もはっきりしないし、限られた視点しかないのだから、信頼できる七、八人のところに行って、どんな見え方をしているか尋ねてみるといい。そうすると、今まで見えなかった部分がソナーの反射で、ぼんやりとしていたものが、はっきりとした形状と大きさを持つ。そうなれば、少なくとも掘削してよいかくらいは判断できる。

私が心の箱の中を見定めたとき、即座に部下に手綱を渡し、さっさと竜退治をしに家を後にしたと、そうあなたは思うかもしれない。私が経済的に多少の余裕があり、失敗が許される身であったとしても、それは大きな間違いと言わなければならない。私が行ったのは、まさに人工地震探査だった。私は人間組織で才があると知っていたし、さらには、その分野での仕事が心躍ることもわかっていた。私は自己の手になる領域にとどまることもできた。なぜなら、私は成功を収めてきたからだ。それでも、私はすでに成功を味わい尽くしてもいた。私が求めていたのは意義であり、自分自身と心の箱の中にあるものの両方に近づけるはずのものだった。私は、ケーブルテレビ事業が人生のかけがえのない重心とは思えなかった。

アドバイザーのマイク・カミもそう言っていた。助言は実にシンプルであり、私には即答できなかった。

「会社を売却し、資金を常々言っているように聖職者向けプロジェクトに投資しなさい」

私は、この決断の意味するところに思わず呆然とその場にへたりこんでしまった。妻リンダも程度の差はあれ同じように見えた。私には、リンダの脳裏に牧師、宣教師、修道士といったステレオ・タイプな映像が浮かんでいるであろうことが手に取るように見えた。私たちは、蔵が空っぽになるまで分かち与える慈善家夫婦になるのか。あるいは、多くの専業宗教家とその配偶者がするように、私たちの服装などもがらりと変えなければならないのか。私たちが享受してきた生活は、突然その手をすり抜けて貧困に陥るのか。

後半戦の天職

幸いなことに、私はいくつかの人工地震探査を行うことができた。二人のキリスト教指導者に助言を求めることができたからだ。レイ・ステッドマン（カリフォルニア州パロアルトの教会の牧師）とジェームズ・ドブソン（人気作家で「フォーカス・オン・ザ・ファミリー」の創設者）である。二人はそれぞれの観点から、私に警告を発してくれたのだった。

「会社を売ったら、活動拠点を失うし、何より誰も相手にしてくれなくなりますね」

大がかりな計画を立てる前に、人生の進むべき方向について、しっかりした土壌を持たねばならないのは明らかだった。

私は、フレッド・スミス・シニア、ポール・ロビンス、『クリスチャン・トゥデイ』のハロルド・マイラなどを含む信頼できる助言者を集めた。彼らは、私が乗り出そうとしていた分野、つまりアメリカの教会で、広汎な視野と知見を持っていた。彼らは、私がいかに組織の仕事に楽しく取り組んでいるか、また、いかに神の王国の仕事に喜んで時間を割きたいと考えているかを知っていた。私は尋ねてみた。「自分みたいな一風変わった来歴を持つ者にどんな機会があるのか」

彼らは、これまでとは異なる方法で運営を試みているメガチャーチを想起し、「あなたなら、力になれるかもしれない」と語った。私は牧師グループを招待し、ポール・ロビンスに自由な立場のモデレーターとして問いを発してもらい、答えにじっくりと耳を傾けることにした。

耳を傾けることは人工地震探査の大半を占めている。どう役に立てるかを見出すのにこれにまさる方法はない。私は、牧師が何を欲しているかを知り、メガチャーチの上級牧師を対象としたフォーカス・グループのファシリテーターを務めることで検証を続けた。ついに牧師たちは、議論を三つに絞り込み、私の後半戦の天職がくっきりと姿を現した。

探査の結果はっきりとわかったことがある。私には、教会指導者たちによる無二の共同体に資するだけのネットワークとサポート・システムを開発できるということである。メガチャーチの牧師に魔法はない。偶然にも、神の摂理により、人間組織に対する私の関心と、教会で起こっている力学を理解したいという彼らのニーズとが絶妙に整合していた。私が違う道を歩んでいたら、海外宣教団体の幹部や地方の小教会ネットワークにあっさりと関与できていたかもしれない。しかし、私がマイク・カミとのセッションを終えて、取るものもとりあえず最初に目についた教会仕事に飛びついていたら、これほどまでにふさわしい活動を見つけることはできなかっただろう。

人工地震探査をうまく行うには、二つの鍵がある。一つは、自分が何者であるかを知ることであり、もう一つは、信頼できる相談相手を探すことである。私が二人の友人に指導を仰いだとき、「どうすれば私は役に立てるでしょうか」と問いかけた。彼らは、「あなたの言う『私』とはどんな人なのでしょうか」と返した。言い換えれば、私は何者なのか。後半戦を見定めようとする人なら誰にとってもかけがえのないことこの上ない問いである。というのは、神が与えていないことで力など出しようがないからだ。

たとえば、今まで伝道をしてこなかったのにどこか罪悪感があって、いざ後半戦を迎え、仕事を辞めて伝道師や宣教師になろうと決意したとしよう。しかし、まずは自分がどのような人間であるかを十分に知り、受け入れることから決断するほうが結果はよいに違いない。賜物と能力を正確に見定めることである。伝道は賜物か。心楽しく、また上首尾にこなせることであるのなら、神学校やアフリカに飛び込む前に、いくつかの人工地震探査を行っておくべきだ。イエスを学びたい人々を教える牧師の力になってみたり、短期の宣教をまずは行ってみることである。さしあたりの探査結果に手ごたえを感じたら、何をすべきかもっと真剣に考えるとよいだろう。手ごたえがなかったら、未来の多くの厄介ごとを回避できたことになる。

神のために最善を尽くすことは、神があなたの中に創られた重心から生まれる。主の「タラントの喩え」（主人から預かった財産を、その期待と信頼に応えたしもべはさらに多くのものが与えられ、失敗を恐れて何もしなかったしもべは、すべて取り上げられて、外に放り出される話［「マタイによる福音書」二五：一四〜二九］）を覚えておられるか。この物語から得られるかけがえのないメッセージは、私たちは与えられたものにのみ責任を負うのであって、他者のものや期待に責任を負うのではないということである。イエスの喩えでは、二タラントしか与えられなかったのに、倍に増やした人が、五タラントを持つ人と同じように高く評価されている。私たちは皆、同じ道具立てを与えられているわけではないが、与えられたものを知り、賢く自己投資する方法の発見がそこでは期待されている。

お金のかからない探索

ほぼ同年代の私のある友人がハーフタイムのときに私と同じ境地に達していた。彼は、人生の重心は神であり、リーダーシップの才を神に還元する方法を見出したいと考えるようになった。ちょうどその頃、彼には二〇億ドル規模の事業、西はタイ、東はヨーロッパまでをカバーする高収益企業ＣＥＯの地位がオファーされていた。厳しくもやりがいがあり、しかも、年収は一〇〇万ドル近く、名声もある。ビジネス界にいる人なら誰もが喉から手が出るほど欲しい地位だったし、事実誰もがそう思った。

しかし、もしこの仕事を引き受けたら、少なくとも五年間は、教会のための時間を、仕事のために費やさなければならなかった。

彼は神学校進学も考えていたので、二つの選択肢を私のところに持ってきた。「フォーチュン500」か、「教義学101」か。彼はすでに箱に神を入れる決断を下していたが、それがフルタイムのキリスト教宣教師を意味するのか、それとも別のものなのかわからずにいた。

私は彼に、CEOの座をまずは手に入れ、神学校のことはいったん忘れて、お金のかからない探索（ロー・コスト・プローブ）を行ってみるとよいと助言した。私から見れば、彼には選択の余地はなかった。神学校に行けば、三年後には五〇歳を過ぎた素人が出来上がっているに過ぎない。彼なら大規模教会で副牧師の職に就き、五五歳になる頃には、経営難の教会で上級職に就いているかもしれない。私の友人は、経営に苦慮する中規模の教会の指導者になるために、神が経営学と経営者として二五年もの修練を与えてきたなどと本当に思ったのか。

しかし、だからといって、この友人は神への忠誠を捨てる必要はなかった。「お金のかからない探索」とは、後半戦の実践的探求法である。たとえば、私の友人は、グローバル・ビジネスの中心に身を置きながら、他のCEOのために聖書研究の会をつくらなければならないかもしれない。しかし、それが本当に必要なことなのか、自分が必要を満たせる人間なのかを知るには、何度か電話をかけ、メールを送り、観測気球を上げてみなければならない。あるいは、彼が自身を捨て、プロ聖職者として働く必要を感じているのであれば、プロボノとして、キリスト教団体のコンサルを考えてもいいかもしれない。

私が牧師先生方を集会にお招きしたのも、お金のかからない探索の一例と言える。私は、信頼できるアドバイザーに相談し、指針を示してもらいながら、人工地震探査を行ってきたのであり、いきなり両足からどぼんと飛び込んだわけではない。

最初の牧師との会が上首尾に行かなかったのなら、私は自己の資源を別のところにあっさりと移していたはずである。

お金のかからない探索の要諦は、神と教会への奉仕と自己の賜物をどう組み合わせるか、体験を積み上げることである。この行動は市場調査、製品テスト、パイロット・プロジェクトなど、ビジネスではおなじみだ。この試みが後半戦にあたって個人であまり省みられないのは、いまだ前半戦の方法が続けられているためである。すなわち、全力疾走である。

思い起こしてみてほしい。後半戦の決断は、投資や販売よりも大事なものである。まずは腰を据えることである。何より慎重であるべきである。試行錯誤をしてみることである。

スピードを半分に落とす

たとえば、今の仕事を本当に気に入っているし、まったく包み隠さずに言って、それがなくてはならないものとあなたが感じているとしよう。あなたには安定収入、健康保険、年金などの保障が必要であり、また、仕事の与えてくれるアイデンティティを享受する。あなたはミッドタウン・アソシエイツのセールス・マネージャーの仕事が気に入っている。そんなあなたのような人が、嬉々とした実り多い後半戦を迎えられるのか。

実は、このような人は驚くほど多い。必ずしも仕事が気に入っているわけではないけれど、かといって辞めてしまうわけにはいかない人を加えると、このグループは一挙に膨れ上がる。良いニュースとしては、このような人は、前半戦よりも後半戦を意義あるものとできる可能性が高いということである。まずなすべきは、現実の直視である。一〇年、二〇年とある仕事を続けているとすれば、相当程度極めているはずだ。人に任せることを覚え、豊かな人脈を持ち、土地勘があり、優良顧客リストを増やし、あくせくすることなく日々を乗り切るすべに長けているだろう。

自らの思いに正直になれば、半分にスピードを落としても、十分にうまくやれるはずである。実は私の友人の弁護士もそうしている。彼は米国で著名人の訴訟を扱う、大法律事務所のシニア・パートナーである。スコット（仮名）としておこう。彼は、仕事を気に入っているし、その分野では世界トップクラスだ。しかし、人生には大きな交渉をまとめる以上の何かがあるように感じはじめ、さらには何か物足りない気がするようにもなっていた。それは典型的な後半戦の課題なのだが、彼はせっかく築き上げたものをいともたやすく手放したくはなかった。彼は事務所を去ることなく、州の公立学校システムに関わるプロジェクトに身を投じる可能性に思いが至った。今、彼に生活のために何をしているかと尋ねるならば、いくぶん驚きを含んだ顔で「まだ弁護士をやっていることをパートナーに納得してもらおうと努力しているところなんだ」と答えるだろう。彼は今、仕事と出世のために用いていた時間の半分を、新しい後半戦の取り組みに費やしている。

また、公立学校の教師をしている別の知人を考えてみよう。彼は州内でもトップクラスの理科の担当であり、「現役」を退く目前にいながら、やはり後半戦に目指すべき目標を保持していた。一つが、マネジメント手腕を生かして、地元教会でビジネス・リーダーシップを発揮することだった。彼は、私の友人の弁護士と同じように、一六時間労働のハードな仕事をこなし、その分野でトップになる限界に挑戦してきた。二人ともに仕事が気に入っていて、身を引く時期だとは思っていなかったため、残された時間と力を半分のスピードに落として後半戦の目標をなしとげている。

見てきたように、前半戦より後半戦を充実させるにあたって、億万長者のCEOであろうと、売れっ子弁護士であろうと、教師であろうとさほどの関係はない。大切なことは、神があなたをどのような固有の存在として作り、その才をどう自ら用いるべきかを見直すことである。

第13章　「セカンド・カーブ」を立ち上げる

「それはパラドックスの一つであり、成功にたどり着くための物事や方法が、成功し続けることに役立つことは稀にしかない」

――チャールズ・ハンディ

新しいカーブ

あらゆる物事が、私たちを現在位置にとどまらせるために謀っているようにさえ思えるときがある。だから、多くの人が前半戦から抜け出せないでいるか、よくしてもハーフタイムの中でいつまでもじたばたする。もっといいことが待ち受けているとわかっていても、人は慣れ親しんだゾーンにいるほうが心地いいようだ。

たとえば、イスラエルの民がそうだった。いつまでも約束の地についておしゃべりするばかりで、慣れ親しんだエジプトを離れられないでいた。エジプトが最高の土地であったはずはないが、少なくともそこはよく知っているし、故郷ともなっていた。今日、あまりにも多くの人々が、前半戦を故郷とする。

私は、多くの現代作家が、中年期に差しかかった人々のとどまりがちな中間段階を実に的確に見抜いていたのに驚きを覚える。ウィリアム・ブリッジズ（一九三三〜二〇一三年。アメリカの著述家、組織コンサルタント）はそれを「中立地帯」と呼び、スコット・ペック（一九三六〜二〇〇五年。アメリカの精神科医、作家）は、「混沌のトンネル」と言う。ジャネット・ハグバーグ（一九四六年〜。アメリカの著述家、講演家、社会活動家）は「ステージ4：回顧による力」と称した。何と呼ぼうと、後半戦の約束の地に赴く上では越えなければならないポイントである。

多くの人はこのゾーンを抜けることができず、かつて確かだったものを失う苦悩と、次に来るものの混乱によって特徴付けられている。図式化すると、こんな具合になる（図表2）。

この時期を見て、変化につきまとう痛み、リスク、混乱を感じると、私たちは既知のものにしがみつく。未来はどこか曖昧で漠然としていて、現在曲がりなりにも享受する快適さと確実さにはかなわない。

不確かなものへの恐怖に加え、現実的な疑問が私たちを悩ませることになる。

「どうやって暮らしていけばいいんだろう」（経済的な安定）

「この新しいアイデアがうまくいくとどうしてわかるのか。私には、なんだかうさん臭く思えるが……」（疑り深い友人）

図表2　ハーフタイムの位置

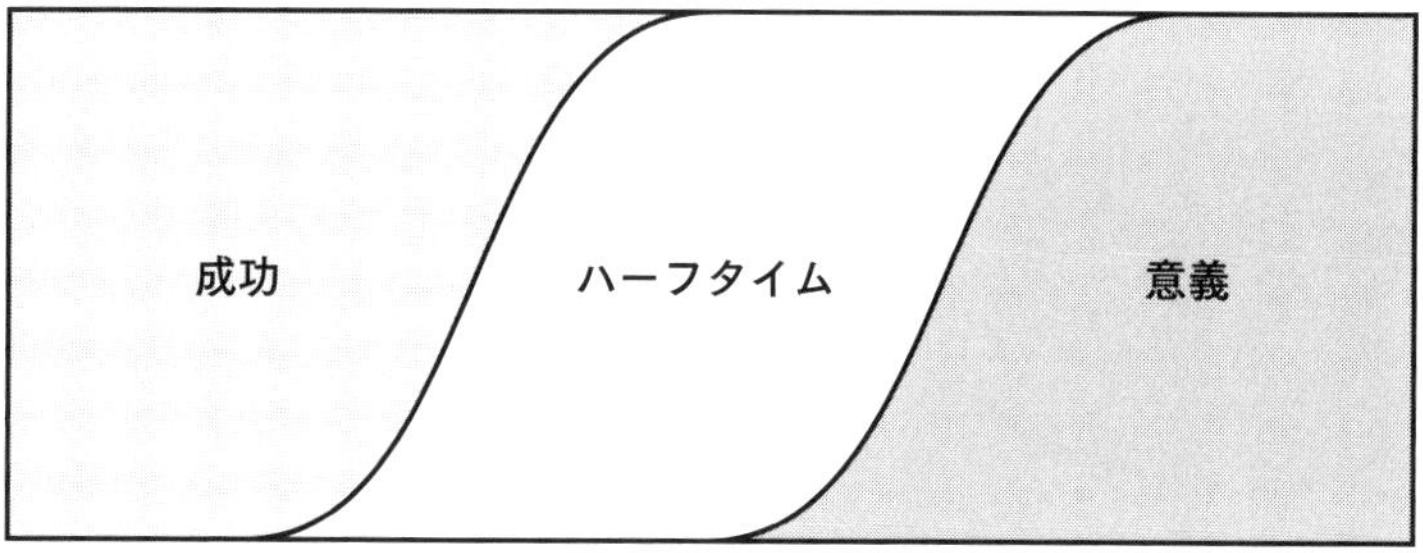

「どうしたっていうの。そんな人と結婚したはずじゃなかったのに！」（心配性の配偶者）
「正確には、その仕事で何をするの」（心配する子供たち）

チャールズ・ハンディ（一九三二年〜。アイルランド出身の経営思想家、哲学者）は、名著『パラドックスの時代』で、「シグモイド・カーブ」という章を設け、その葛藤と緊張を表現している。ハンディは、本章冒頭の引用文で問題提起する。成功のパラドックスの一つは、成功にたどり着くための物事や方法が、成功し続けることに役立つことは稀ということである。

ハンディは同時に解決策をも提示する。「常に成長し続ける秘訣は、第一のシグモイド・カーブが失速する前に、新たなもう一つのカーブを立ち上げることである。セカンド・カーブを立ち上げるのに最適なのはA点であり、第一のカーブが低迷しはじめる前に第二のカーブの初期的探求と試行錯誤のための時間と資源と活力がある点である[1]」

図表3　シグモイド・カーブ

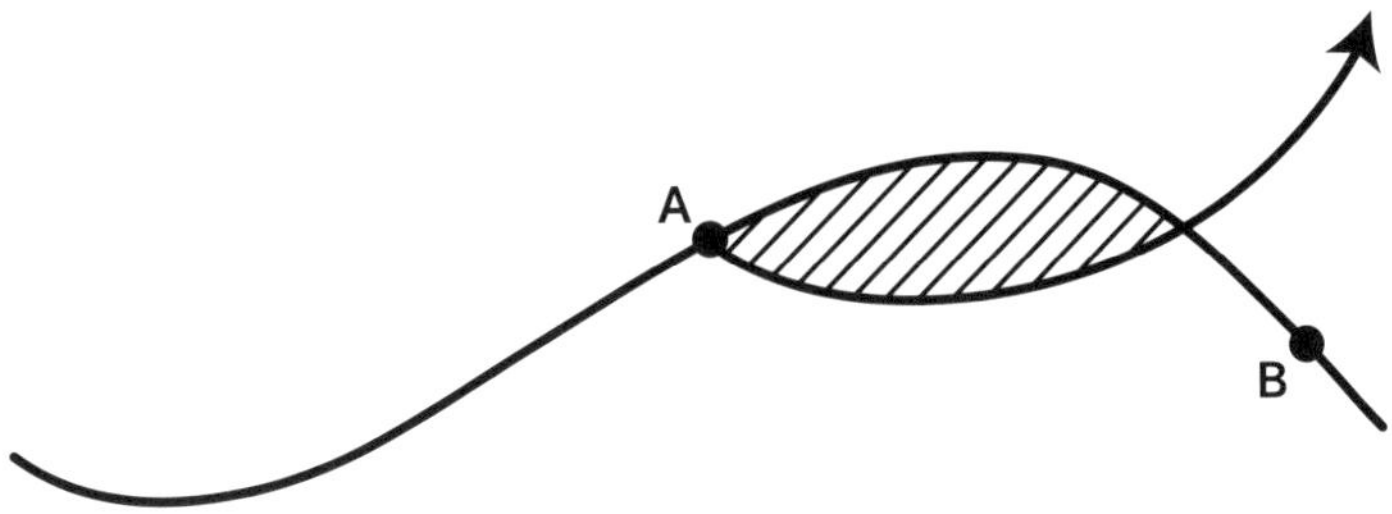

（出所）C. ハンディ／小林薫訳『パラドックスの時代』ジャパンタイムズ出版、1995年。

多くは、中年に近づくにつれて上昇し、引退に向けて急激に下降する一本のカーブ。これがふつうのパターンである。ハンディが推奨するのは、第一のカーブがまだ上向いている間、少なくとも下降し始める前に、新しいカーブを立ち上げることである（図表3）。

セカンド・キャリアを持つ

理想を言えば、人生はカーブの重なり合いであるべきだ。私の仕事人生では、次のものだった（図表4）。このどれかで立ち往生する危険性がある。身近にいる同年代の人たちは、永遠の学徒だ。私がテレビ局を買収したように、彼らは学位を取得する。また、「仕事に打ち込む」のカーブが崩れてきて、行き詰まった人もいる。気がつくと、新しいカーブは地平に姿を現してはいない。

せっかく手に入れた成功に溺れることなく、カーブ

図表4　人生における2つのカーブ

ファースト・カーブが下降する前	セカンド・カーブ
学校	見習い仕事
見習い仕事	仕事に打ち込む
仕事に打ち込む	指導的仕事
指導的仕事	教会で働く
教会で働く	教会を指導する
教会を指導する	教会のポートフォリオ

の変曲点を越えてガス欠になることなく、心楽しく享受する方法を学ぶことである。ハンディのシグモイド・カーブでは、あらゆるものが、たとえ順風満帆に見えたとしても、やがて変曲点を越えると下降する。いつまでもそこにとどまってしまうこと、いわゆる「マンネリ化」の危機感が、前半戦を脱する原動力になる人もいる。

後半戦に赴く鍵は、とあるシューズ・メーカーのスローガン「Just do it!」だ。だが、それには言葉以上の意味がある。自分自身のファースト・カーブが下降線をたどる前に、ふさわしいタイミングを見はからって「行動に移す」ことである。

私は、もっと良きものに移れとの「かすかにささやく声」を耳にしたのに、耳をふさいでしまった人をあまりにもたくさん知っている。もちろん、当人たちだって、その声に従うべきとわかってはいたのだが、声に従えば、親しみのない未知のゾーンに踏み込まざるをえなかった。

「どうも今行っていることをまずは終えてみるまで待つほうがよさそうだ」

彼らの多くはそう思った。しかし、終わったときには手遅れだった。その時にはあまりにも疲れ果てていた。声はあまりにかすかで聞き取れなくなっていた。さる著名なキリスト教団体の戦略コンサルタントが私に語ったことがある。

「『いつか』教会の活動に身を投じようと言っている人をたくさん見てきました。しかし、『いつか』は来ないもののようですね。先延ばしにする方便に過ぎない。『いつか』はいつも『ない』のです」

ドラッカーは、引退した人々が、かつて私たちが考えていたようなボランティア活動の豊かな源とは証明されていない、と述べた。彼らは時にエンジンを切ってしまい、やがて精彩を欠いてしまう。ドラッカーは、四五歳までにセカンド・キャリア、あるいはパラレル・キャリアを持ち、五五歳までにその仕事に力強く参入できるのでなければ、決して実現しないと考えていた。

今、かすかにささやく声があなたに語りかけているのなら、耳をふさぐ理由を探してはいけない。今の場所にとどまり続ける理由は常にある。信仰があればこそ、あなたは前に進むことができるのだから。

第14章　未知への跳躍

「私たちは、世界がそうあってほしいと願うところのことを行わなければならない」
――モハンダス・ガンジー

「もっといいことが待っていますよ」

私の自宅の机の上には、座右の銘がある。真面目でありながら、遊び心もある。前者は文字通りの意味が、後者のほうはと言えば、昔の映画『ブルース・ブラザース』（一九八〇年ジョン・ランディスが監督したアメリカのミュージカル・コメディ映画）の台詞だ。次のように書かれている。

「神へのミッション遂行中」

この映画では、ダン・エイクロイドとジョン・ベルーシが、ジェイクとエルウッド・ブルース兄弟なる少々荒っぽい兄弟を演じていて、ジェイクは弟に神からのミッションがあるのだと告げる。

彼らと違い、私は神へのミッションを帯びている。しかし、彼らと同じように、私は途中で何台かの車をつぶしてしまうだろう。それでも、あなたに私の人生の旅をともにしないかと誘っている。

これまで私は、後半戦の計画があなたにとっていかに良きことなのか、その理由をいささかの力を込めて語ったと思う。それは確かにあなたにとって良きことである。しかし、後半戦に賜物を神の国のために生かすのには、ふさわしい理由があり、それこそが永遠に価値あるものなのだ。神は常に、子のためにＷｉｎ－Ｗｉｎを促進する。神の王国にとって良きことは、多くは一人ひとりにとっても良きことである。

私たちの前半戦で、あなたは神を心の箱の中心に置くことを欲したかもしれないが、神はそこからはじき出されてしまった。私はやむをえなかったことも、間違ったことも考えない。人生からの要求と若気の至りが一緒になると、人としての存在意義を知るためには自己の小ささを受け入れなければならないという聖書の真理はなかなかに理解しがたい。前半戦とは獲得についてのことが多いが、結果として失敗に終わる一方で、後半戦は手放すことで、多くの場合力を得る。二六歳あたりならば、なかなかぴんとこないのもしかたないだろう。

私はそこで自己の経験を口にするのは躊躇してきた。私はある意味例外的なくらいに恵まれていたが、だからといって富裕者のみが良き後半戦を送れるというのは早計だ。ぜひ覚えておいてほしい。後半戦がうまくいっているのは、私にお金があったためではなく、意を決して一つのことを箱に入れたからだ。私にとってもそれはたやすいことでなかったし、あなたにとってもたやすいことではないはずだ。だが、それこそが際立った違いなのは間違いない。

私の話を聞いてこんな風に尋ねる人もいる。どうあっても良き後半戦を持つことがかなわない人たち、つまりもはや手遅れということはないのですか。あるいは、後半戦とは中流以上だけのものなのでしょうか。男性だけのものでしょうか。キリスト者だけのものなのでしょうか。

このことを私は長い間真剣に考えてきた。だが、ついに人生に疲れ果てた人なら例外なく、良き方向に変えうるとの結論に達した。誰でもだ。正直なところ、私は女性の問題を十分にわかっているわけではないが、家にいることを選択した女性も、働いている女性も、「これでいいのか」と自問するときが来るのではないか。私の答えは、性別にかかわりなく次のものとなる。

「いいえ、もっといいことが待っていますよ」

また、キリスト者でない者にも、良き後半戦が待っている。実際、私が読んだ同種の本のほとんどは、キリスト教信仰を持たない方々のもので、少なくとも、聖句によるものではなかった。しかし、なしとげたこともやがて輝きを失い、存在意義こそ私たちが真に求めているものだという事実に大半が同意してくれるだろう。キリストを信じない人々も、その多くは何らかの形で利他主義に存在意義を見出す。だが、キリスト者は彼らの利他主義を定義する聖書という枠組みを持っている。それだけの違いである。

今こそ、跳躍の時

年齢の問題もある。前半戦から後半戦に移るのに、遅過ぎることはないのか。六〇代の人々はどうなるのか。七〇代、八〇代はどうか。私たちに息がある限り、良き方法を探し出すのに遅過ぎることはない。実存主義の作家アルベール・カミュ（一九一三～一九六〇年。フランスの作家）はこの真実を目にして、次のように述べている。

「冬のさ中にあってさえ、私はついに自らの中に灼熱の夏があることを知った」

私たちは、自己の中に規律と羅針盤を見る。「自己の内面に耳を澄ませるほどに、外の音がよく聞こえる。誰が、あるいは何が、この問いを発したのか。いつだったかもわからない。いつ問われたかもわからないし、答えたかも覚えていない。しかし、ある瞬間から、私は誰か、あるいは何かに『イエス』と答えた。その時から、存在に意味があり、それゆえ、私の人生には目的があると諦観した」とダグ・ハマーショルド（一九〇五～一九六一年。スウェーデンの政治家。第二代国連事務総長）は書きとめている。(1)

私は心の奥底で語りかけるのは神であるとの確信に達し、やはり深部で問いかけるのも神と考えている。私たちがその問いに「しかり」と答えるとき、神は、私たちのために選んだ人生の意味を明らかにし、私たちのために用意してくださっているゴールを明かしてくれる。私は

「エフェソ人への手紙二」の次のパウロの聖句が好きだ。「わたしたちは神の作品であって、良い行いをするように、キリスト・イエスにあって造られたのである。そこで神は『前もって』私たちがなすことを用意されている」（「前もって」は私が加えた）

現実のアメリカン・フットボールの試合で、あなたはハーフタイムを終えてから前半戦には戻れない。人生ではそれができる。ある人はそうする。ある人はハーフタイムに残り、いつまでも新しいゲームプランと格闘する。また、別の人々は、前半戦の中にい続けようとしながらも、後半戦への「躍進」を繰り返す。彼らは、ある種の終わりなき人工地震探査の状態にあり、石橋を叩いても渡ろうとしない。

今こそ、跳躍の時だ。

前の章で、私は忍耐を勧めた。これ以上忍耐するなというのを矛盾とは思わないでいただきたい。せっかく今日まで生きて来て、前半戦のゲームプランに戻るのは恥ずかしいことではないか。何か一つ心の箱の中に入れて前進することは、あなたにとってはるかに得るものは多いはずだ。

では、なぜ私たちはしり込みしてしまうのか。私はバンジー・ジャンプをやったことはない。それでも塔のてっぺんに立って、傍らから「さあ、飛び降りましょうか」と声をかけられたら、どんな思いになるかはなんとなく想像がつく。実際、マイク・カミから何をなすべきかと聞かれたとき、心の箱の中に十字架を描いた後、何より清々しいのは今飛ぶことだと悟ったものだった。それ以外のこととして、もときた梯子を下って行って、安全な地面に戻ってくることもあっただろう。跳躍は怖いし、なじみもなく、何より危険だ。だが、忘れられないものになることは約束できる。

私だって飛び降りたくはなかったが、その時は来てしまった。

「成功から意義へ」

私の目に狂いがなければ、あなただってその時が来たことを知り過ぎるほど知っているはずである。では一つエピソードを語ってこの部を終えることにしたい。その一つは時が来たと知りながら塔を下りることにした人の話、もう一つは、跳躍した人の話である。

ジムは、大企業トップの座を占めることだけを考えていた。鼻っ柱が強く、しかも負け知らずだった。数年のうちにダラスの大企業のＣＥＯにまで上り詰めた。しかし、喜びも束の間であった。間もなく、会社は連邦破産法第一一条の適用に追い込まれた。私はジムと定期的に会っていて、会社が倒産した後、彼は教職に就くか、あるいは公務員との見通しを口にしていた。しかし、彼の片足はハーフタイムにおり、ギアチェンジへの真摯な熱意を私は彼に感じとった。

現在、彼は別の大企業幹部として、これまで以上にがむしゃらに働いている。

ジムは、「今がその時だ」と言うかすかにささやく声を聞いた。だが、進んで耳を傾けなかった。飛び降りる気にはなれなかった。

もう一人、ジャックは実業家として成功し、一生かかっても使い切れないほどの資産を築いた。彼にとって仕事は好ましいものだったが、中年にさしかかると、「成功から意義へ」の思いが胸中に芽生えてきた。人工地震探査やお金のかからない探索によって、彼は教会へと足を向けるようになり、その分野で能力と技能を生かすすべを探し始めた。それからしばらくの間、彼は自分の仕事関係に、身銭を切ってでも高次の目的のために汗を流したいと思いながら、力になってくれる者が見出せず、なかなか実行に移せない人がいることに気づいた。ジャックは、意義ある目的に再投資する意欲はありつつも、時間がない大企業勤めや富裕層のために会社を設立した。ジャックは、新しい起業のアイデアを探り当て、顧客からの余剰資金でファンドを設立した。寄付者は匿名のまま、存命中に資金が生きて活用される様子を目にできた。

ジャックはバンジー・ジャンプの塔のへりにいて、自信を持って跳躍し、自分自身の時間を持つに至っている。

何があなたをさえぎっているのか。

第Ⅲ部

後半戦への跳躍

「夢に向かって確信をもって邁進し、思い描く人生への努力を怠らなければ、通常では思いもよらない成功に出合えることになるだろう。目に見えぬ境界を越えて、いまだ見ぬ、普遍的な、より自由な法則が彼の周囲と内側に姿を現し、彼は高次の存在に認められて生きることになるだろう」

——ヘンリー・デイヴィッド・ソロー

第15章　人生の使命

「私にとって本当の意味で欠落しているのは、『何を知るべきか』ではなく、『何をなすべきか』を明瞭に自覚することである。……それはつまるところ自己を知ることであり、神が私に何を望んでおられるかを知ること、何によって生き、何によって死ぬかについてのイデアを見出すことである」

――セーレン・キルケゴール

「永遠」の世にある問い

中年に差しかかる頃、私は、このはかない「この世」ではなく、そろそろ「永遠」の世にある問いを意識しなければならない時期が近づいたと感じる。私が「一つのこと」を見出したとき、私はこれまで以上に人生が何によって導かれてきたかを実感するようになった。私は恵みと精進によって、自ら選んだ墓碑銘「一〇〇X」に添う生き方ができると思うようになった。

しかし、そう感じるだけでは十分とは言いがたい。一つのことを心の箱に入れたとき感じたせっかくの清々しさも、目標に落とし込まなければ雲散霧消してしまう。多くの場合、前半戦は重心となる志から湧出する善意によって満たされていたはずだ。あなたは、よき親になりたい、よき配偶者になりたい、よきキリスト者になりたい、よき地域社会の一員になりたい、世に足跡を残したいと望んできたはずだ。期待のいくつかには応えてきたことだろう。しかし、まだ何かが足りない。どんなに善き意図をもって動いても、なぜか成功より意義への潜在欲求を満たすことはできなかった。

あなたには本能的な直感はあっただろうが、「動かす」システムを持ち合わせていなかったのだ。

近年、多くの企業や組織が、ミッション・ステートメント、ビジョン・ステートメント、あるいはクレド（社是）を持つようになり、自らの存在理由と目標を掲げる。たとえば、次のものが有名だ。

マイクロソフト：あなたの可能性。私たちの情熱。
ゼネラル・エレクトリック：仕事に想像力を。
ワールド・ビジョン：子供たちのために、よりよい世界を。

かくもはっきり言語化されていれば、通常はすんなりと腑に落ちてくる。ミッション・ステ

図表5　人生のミッションへの問い

何に胸が熱くなるか。 何をなしとげたか。 どんなことを飛び抜けてうまく行ったか。 あなたの持ち味は何か。 どこに属しているか。 前半戦であなたを悩ませた「べき論」は何か。

ートメントは、あるコンサルタント・チームが『ハーバード・ビジネス・レビュー』で指摘したように、事業にとって「北極の磁場」にあたり、その企業のなすことすべて、同じ方向へ導いている。

とりわけ後半戦にとって、個人のミッション・ステートメントは、はかり知れぬ意味をもつ。前半戦は、ミッション・ステートメントを作成するだけの時間がなかったか、あるいは会社のものであったかのどちらかであろう。少なくとも、今、後半戦の展開を可能にするオリジナルのものをあなたは持たなかった。

人生のミッションを知らずして、後半戦から先に進むことはおぼつかない。あなたはそれを一言もしくは二言で表現できるか。そのためいくつかの問いに包み隠さずに答えてみるのがよいだろう（図表5）。

これらをはじめとする問いは、心から望む自分へと導いてくれるだろう。あなたにふさわしい課題の発見を助けてもくれるだろう。

『7つの習慣』の著者スティーブン・R・コヴィー（一九三二～二〇一二年。アメリカの作家、経営コンサルタント）は、個人のミッション・ステートメントを作成する際に、信念と行動の根底にある価値原則に基づいて、なりたいもの、したいことに光を当てるべきとする。「私たちの人生の重心が何であれ、安全、準備、叡智、力の源となる」とコヴィーは述べている(1)。

ミッション・ステートメント

私のミッション・ステートメントは短文だが、あなたのものは長文かもしれない。私が知る限り、最も優れた（そして最も長い）個人的ミッション・ステートメントは、アンドリュー・カーネギー（一八三五～一九一九年。スコットランド生まれのアメリカの実業家。「鉄鋼王」と称される）が三三歳のときに書いたものだが、私が人生の六つの目標を書いたときもほぼ同年齢であった。次のものは、彼が残りの日々をどのように過ごすかの里程標として日記に記したものである。

「三三歳、年収五万ドル。二年後の今頃は、財産のためにあくせくせず、毎年の余剰金を慈善事業に用いるよう、すべての事業を手配していることだろう。オックスフォードに居を構え、教育を受け、教養ある人々と知り合いになること――これには三年間は必要だ――特に人前で話すことに注意を払うこと。それからロンドンに居を移し、どこかの新聞社の経営権を購入し、経営全般に意を用い、公共の問題、貧民階級の教育や生活改善に参画する。人に偶像はつきものだが、富の蓄積は、偶像崇拝の最悪のものの一つである。金銭の崇拝ほど堕落した偶像はないからだ。私が何をするにしても、とことんまでなし尽くさなければならない。持てる力に応じて自己の人格を高めうる人生を選ぶよう配慮しなければならない。これ以上、仕事の心配に追われ、最短時間でより稼ぐ方法ばかりに汲々としていては、永久に回復する見込みがないほど私を堕落させるに違いない。私は三五歳で仕事を辞めるが、後の二年間は、午後は教育を受け、体系的に読書したい[2]」

カーネギーが描いた「奉仕の人生」が実現するまでには、二年ではなく、三〇年の歳月を待たなければならなかった。そうであったとしても、カーネギーの貢献は、当初の計画より少なくとも一〇〇倍以上は上回っていた。以来、カーネギーは、鉄鋼業で得た財産を最初に慈善事業に投資してから一九一九年に亡くなるまで、持てる資産の九〇%を植え替えた。

すべてのミッション・ステートメントがカーネギーのように長文で、込み入っていることを示したいわけではないので、私自身のミッション・ステートメントを紹介しよう。私は、自己を「戦略のブローカー」と自認しており、問題を特定する人と問題を解決する人を結びつける固有のスキルを持つ。これが私の持ち味であり、ケーブルテレビ事業も例外ではなかったし、私のミッションもまた、その延長線上にある。私のミッションとは、次のものとなる。

「アメリカのキリスト教に潜在する力を、いきいきした現実の力に変えること」

これが私の仕事である。そのようにして私は自己の生を意味あるものとする。私は自己であること、つまり、すでに手にした才を生かすことができる。だから私は自己ではない何かになる必要などない。ミッション・ステートメントがしっくりと手になじむなら、それが正しいことだ。どこか体に合わないものを強いられていると思うなら、あなたのミッションではない。

自己のミッションと関係を持つのが、「約束」である。私の後半戦へのシフトの結果の一つは、目標という観点で人生を整理しなくなったことである。代わりに、何かを約束するようになった。約束することによって、私はミッションに集中できるようになった。ここで紹介したいと思うのは、これらの約束が特段深遠なものだからではなく、むしろあなたのミッションのための約束のリストを作成する上で役立つと考えるためである。

胸熱くなるもの

二五八ページで記したハーフタイムの宿題に加えて、最後にもう一つ、後半戦のミッションを決めるヒントを紹介しよう。ドラッカーは、神が予め用意した固有の役割を発見するために、二つの問いかけを行っている。その問いとは――

何をなしとげたか（力）

何を心から大切にしてきたか（熱）

目標は、この二つの問いの境界にあるもの、つまり、抜きん出ており、真に血湧き肉躍る何かを見つけることである。たとえば、あなたは人とともに働くことに長けていても、孤独を心から求めているかもしれない。かりに前者を優先してしまうと、後者が邪魔をしてしまう。しかし、心中をきちんと覗き込んでみて、力と熱が一つになるポイントを素直に見つめるならば、ふさわしいミッションが見つかるはずである。

「ハーフタイムの課題」のほかに、人生のミッションを発見するのに役立つ優れた書物が、リチャード・ボウルズの『あなたのパラシュートは何色？』である。エピスコパル司祭であるボウルズは、サンフランシスコの教会から追放されたとき、パラシュートを開いて旅を始めたのだが、彼にとって、それは当時そう思えなかったとしても、良きことであったはずである。ボウルズはこの本を出版して以来、何度も改訂を重ね、現在の版では「ミッションの見つけ方」の章を設けている(3)。

今日、明日、あるいは確実に来週末までには、鉛筆と紙（数枚でもいい）を手にする時間をつくろう。後半戦になすべきこと、約束、真の自己を表現するスローガンや信条、自己が信じることと残りの人生でなしとげたいことを組み合わせたステートメントのリストをつくってみてほしい（図表6）。

図表6　ステートメントのリスト（例）

①私の人生で第一に帰依すべきは、イエス・キリストです。私は、イエス・キリストに対して、私の賜物を十分に発揮できるよう約束します。 ②私は、「死が二人を分かつまで」結婚生活を継続することを約束します。 ③私は、自己の時間と富の大半を、アメリカのキリスト教に潜在する力を解放する、一連の関連事業の創発と開発に費やします。 ④私は、託された資源にふさわしい管理人になることを約束します。 ⑤私は、10人の良き友となることを約束します。 ⑥私は、人生の後半戦での再生を約束します。 ⑦私は、「利他的エゴイズム」を実践することを約束します（利他的エゴイズムとは、他者を助けることによって自らの充足を得ること。人間においては自己利益が中心にあるとの認識のもとに、隣人の厚意を最大の利益とすることに意味を見出すものとする）。

リストを作成したら、祈ろう。書いたものを読み返してみよう。心静めて黙考しよう。耳を傾けよう。配偶者や少人数の友人に見てもらおう。

紙を引き出しの中にしまっていただきたい。さらに祈ろう。多く耳傾けよう。もっとしたいことに思いをめぐらせ、穏やかな波のたゆたう海上に魂を漂わせて、考えを静寂のうちに委ねよう。これこそが前半戦で時間をかけられなかったものなのだ。堪能していただきたい。

一週間後くらいに、真っ白な紙を取り出していただきたい。一番上に次の言葉を書きとめていただきたい。

「私の人生のミッション」

かくして次に何をなすべきことをあなたは知るだろう。

第16章　自分の人生を取り戻す

「主導権を握らない限り仕事も自由時間もままならないものとなる」
——ミハイ・チクセントミハイ

ある禅師の語ったこと

大出版社の社長をしていた友人の一人が、かつて高名な禅師のもとを訪ねたことがある。自己の仕事人生について実に多くのことを語ったものの、なぜか反応はなく、やむをえずしばし口を閉じることに決めたという。すると禅師は東洋の端整な茶碗に茶を注ぎ、やがて溢れた湯が敷物を伝って友人のほうに広がってきた。戸惑った友人は、何をしているのか尋ねた。禅師は答えた。

「人生はこの湯呑み茶碗のようなもので、溢れ出ている。新しいものを注ぐことはできない。それ以上注ぐ必要もないし、何も得られない」

私たち一人ひとりが用いる二種の資本がある。一つは経済資本であり、働いて得たお金や余暇である。ほとんどの場合、生活や憂さ晴らしに消えていく。もう一つは社会資本であり、あなたを育んでくれたコミュニティのために再投資したり、用いたりできる時間、お金、知識を指す。

多くの人は「幸福追求」のためにお金を用いる一方、社会資本の概念は、基本的に、主が私たち一人ひとりに時間、才、宝の一部を分け与えてくださったものであり、最大の戒めである「心を尽くし、魂を尽くし、思いを尽くして、あなたの神である主を愛しなさい」、第二の戒め「隣人を自分のように愛しなさい」のために用いるべきものとする(「マタイによる福音書」二二：三七、三九)。

社会資本の見返りは、祝福である。これは驚くべきことではない。つまるところ、イエスの教えの中で真実かつ役に立つのは、「受けるよりも与えるほうが幸いである」(「使徒言行録」二〇：三五)であろう。トーマス・ジェファーソン(一七四三〜一八二六年。アメリカの政治家。第三代アメリカ合衆国大統領、「アメリカ独立宣言」の起草者の一人)が独立宣言を「生命、自由、『祝福』の追求」と言い換えていたら、どんなに違っていたことか。

意味あるハーフタイムと後半戦の目的の一つは、余白を作り出すことにある。本章冒頭の話に戻ると、私の場合も、茶碗が溢れそうになってきていた。私も、時間の大半を取り戻し、純資産の大部分を流動資金に換え、社会目的に投資するための余白を作り出す必要に迫られていた。私は経済的資本を社会的資本に転換しなければならなかった。

投資信託市場に関心があるなら、ピーター・リンチ（一九四四年〜。アメリカの投資家、投資信託マネージャー、慈善家）の名を耳にしたことだろう。リンチは、経済的資本を社会的資本に転換した好例といってよい。フィデリティ・インベストメンツのマゼラン・ファンドのポートフォリオ・マネージャーとして、彼は一三年間で運用残高を二〇〇〇万ドルから一四〇億ドルにまで引き上げた。彼はすべてを手に入れた。仕事にも家族にも恵まれていた。慈善事業から大きな喜びも得ていた。しかし、四六歳のとき、彼は人生の手綱を握るために、仕事に費やす時間に思い切って制限を設けることを決意した。

彼は、ついに私たちのすべてをとらえる認識にたどり着いたのだった。それは「このままでは生きていけない」という実感だ。もちろん、彼の行いがよろしくなかったということではなかった。実際のところ、彼の人生は上々だった。だが、本人が語るように、「僕にとっては、ホットファッジサンデーのように、お腹を壊す寸前まで口にできるものだった」。彼はスケジュールを変え、子供たちが学校に行ってから、家を空けられるようになった。週四日働き（二日はフィデリティ社、二日は慈善事業）、月曜日はすべて妻の時間にあてる。

働き方を変えるのに、何も大手投資会社の社長である必要はない。ワイヤレスで、バーチャルなテキストメッセージ、ボイスメール、Eメールを駆使できる今、私たちはもはやオフィスに縛りつけられているわけではないからだ。私たちは昼夜を問わず、どこからでも誰とでも会話できる。これまでのどの時代より、子供たちがあなたを必要とするときに家にいられるようスケジュール調整も可能になっている。

確たる羅針盤

前半戦を生きる多くが遠心力の犠牲になっている。生活の周囲には力強い存在が実にたくさんある。家族、仕事、地域社会への参加（奉仕クラブ、地元の学校など）、教会、専門能力の開発、余暇、趣味など実に様々だ。誰もが善き意図をもってそれらに着手するのだが、現に実行する段になると、一段高いギアにシフトしなければならない。やがて、彼らは外周を高速で回転する間もなく、中心、つまり自分自身の核心からどんどん遠ざかっていく。いつしか手綱は失われてしまう。

後半戦は、再び手綱を握る時期である。わが手でなすことが要求される時期である。ピーター・リンチがフィデリティ・インベストメンツの同僚に、高い収益性の注目ファンドから手を引くと告げることが容易な決断であったとあなたは思うか。彼は、仕事の手綱を握れないことには、遅かれ早かれ、人生の他のかけがえのない領域で大きな損失を被ることになると知っていた。だからこそリンチはそうできた。

重心に戻るには、シフトダウンし、スピードを落とすことである。いったん中心に戻り、自己が何者で、心の箱の中に何があるのかを知れば、周辺にあるものがかつてほど気にならなくなる。あるものは他のものよりも大切であり、あるものにもはや目を向けないようにする必要もあるだろう。しかし、何が残り、何が捨てられるかは別として、大事なのは、誰ともわからない誰かに自分の手綱を明け渡さないことである。私たちは、大切なものを入れる余白をつくらなければならない。

こういったことが過激に聞こえたり、逸脱に聞こえるとしたら、ベビー・ブーマー世代が、自己の後半戦で何をするのか選択できるだけの贅沢を享受した最初の世代で、このことが次世代にも影響しているためである。あなたの両親も、たぶん私の義父と似ているはずだ。義父は国際的な石油供給会社で定年まで上級管理職を勤め上げた。義父にとっては、医療、歯科、定年後の福利厚生を受けられるために大企業の階層組織の中で長く勤め上げることが何より大切だった。同じように、私たちの親世代の多くは、経営思想家チャールズ・ハンディ言うところの「雇われ仕事」、つまり、それなりの規模の会社で福利厚生を備えた正社員の仕事に就いていた。

これからはそうはいかない。毎日、新聞は大企業によるさらに大規模なリストラを報じているし、ブルーカラー、ホワイトカラーともに事情は変わらない。「減量化」「適正化」「リストラ」は、現在の会社をめぐる流行語である。結果、解雇された多くが独立請負人として、契約ベースで元の雇用主や他の会社で働いている。あなたもその一人かもしれない。だが、それによって後半戦の自由度はぐんと高まることになるだろう。今日の雇用増加のほとんどは、従業員数一〇〇人未満の企業であり、大部分は従業員数二〇人未満である。ドラッカーは、こうした小規模企業が成長した理由の一つは、リーダーが自らの上司となることができ、より多くのことを自己決定できるようになったからだとする。

ハンディは、著書『ビジネスマン価値逆転の時代』の中で、人は将来、労働時間の約半分を雇用先の組織で過ごし、残りの半分は、「ポートフォリオ・ワーク」と呼ぶ、さまざまな雇用主のためのパートタイム、コンサルティング業務、一時労働に費やされると述べている[1]。私のケーブルテレビ会社も、四五〇〇マイルのケーブルテレビを二年ほどで敷設し、ほぼ全体について小規模の請負を活用して、フランチャイズ、地図システム、ケーブル、契約者対応、必要なシステムの導入を賄うことができた。

このおかげで、誰もが意義ある後半戦のために必要な変化を起こすことがますます可能になってきている。人々にとって、何をするかがこれまでになく自由になり、常時全力疾走を強いられる仕事関係の活動を捨てることも許される。

しかし、豊かな後半戦を持つことは、ペースダウンしたり、スケジュール管理以上を意味する。それはマインドセット、つまり真の自己の所在を指し示す内なる羅針盤と関係がある。心理学者のミハイ・チクセントミハイ（一九三四～二〇二一年。ハンガリー出身の心理学者）は、二五年間、何が人を幸せにするのかを研究してきた。彼は、幸せは偶然やってくるものではないことを発見した。また、お金や権力、財産ともさほど関係はないことは、富裕者、貧窮者、権力者、非権力者、いずれにおいても幸福が見出せる事実として実証されていた。

「内なる経験をコントロールできる人は、人生の質を決めることができる。それは私たちの誰もが幸せになれると言っているに等しい」とチクセントミハイは言う[2]。

彼がキリスト者か否か、私は知らないのだが、発見を裏付けるものは、キリスト教の中に実にいくつも見出せる。主は私たちに、幼子のように、あまり心配しないよう（あるいは所有物に支配されないように）多くの主人に支配されないようにと教えられた。また、使徒パウロがローマの信徒たちに宛てた書簡の中で、張りのある人生を送るために内なる存在をコントロールする重要性を説いている。

「肉に従う者は肉のことを思い、霊に従う者は霊のことを思います。肉の思いは死であり、霊の思いは命と平和です」（「ローマの信徒への手紙」八：五〜六）

手綱を取り戻す

皮肉にも教会は、多くの前半戦を生きる者にとって失望を感じさせている。キリストの名による奉仕の喜びが、多くが義務感から行われ、自己の能力とかけ離れた仕事になっているためだ。それというのも、前半戦を生きる者として、私たちは自己が何者であるか、何によって心からわくわくするか、望ましくない仕事であっても、自己の重心から生じるものであれば、いかに自由で清々しいかをまだ見出していない。多くの人にとって、教会の仕事はホットファッジサンデーさながら食べられるだけいくらでも食べたいものではなく、むしろ子供の頃に母親から無理やり食べさせられたブロッコリーやほうれん草に似ている。

一度、人生のミッションを探り当てれば、善き意図による教会活動をコントロールできる地点に立つことになる。「週末に証をする」ために足を引きずって出向いていくのではなく、たとえばゴルフやジム、職場の友人とのランチなどの自然な中で信仰を輝かせられる。かくして、あなたは、神に仕えたい思いと、カードゲームに没頭する思いと、同じ志を持つ人たちと夜遊びをしたい思いをみな同じようにして、手綱を握れる。

その中で、巧みに情熱と才のマッチングができる教会が出てきているのは心強いことだ。ベストセラー『心の習慣』共著者であるロバート・ベラー（一九二七〜二〇一三年。アメリカの宗教社会学者）は、これを「仲介機関」の機能と呼んでいる。[3] 何百もの教会で、「ボランティア・リソース・ディレクター」や「連携促進チーム」が加えられ、人々が教会を通して最高の能力を発揮することを手助けしている。たとえば、カリフォルニア州オレンジ郡にあるマリナーズ教会は、常に五〇〇〇人以上の会員を周辺地域でボランティア活動に参加させている。シカゴ郊外のウィロー・クリーク・コミュニティ教会は、「ネットワーク」というプログラムを開発し（現在では出版され、全国の多くの教会で活用されている）、人々が個人の資質を見きわめ、ふさわしいボランティア活動に参加できるよう支援する。カリフォルニア州ミッション・ビエホのサドルバック・バレー・コミュニティ教会は、人々が自己のＳＨＡＰＥ（Spiritual gifts［霊的な賜物］、Heart, passions［心・情熱］、Ability［能力］、Personality［人格］、Experience, "know-how"［経験・ノウハウ］）を見つける手伝いをする。

キリスト者が後半戦を生き、人生のミッション実現のために前進するならば、より多くの教会がこのアプローチで人々を巻き込んでいかなければならない。私の所属するリーダーシップ・ネットワークは、教会のボランティア・リソース・ディレクターの五日間研修を主催するプログラム「リーダーシップ・トレーニング・ネットワーク」を開発した。このプログラムを開発したスー・マロリーから引き継ぎ、現在では、一万近い教会が参加するボランティア・リーダーシップ最大の教会ボランティア協会の一部になっている。

手綱を取り戻すのは、口で言うのと、実行するのは別である。古い習慣は、たとえ人生に対するビジョンで刷新されても、なかなか消えない。

私が行った工夫

私が自己の運命をコントロールするために行ったいくつかを紹介しよう。

・任せる

仕事でも遊びでも、あるいは家庭でもそうだ。何でもできるわけではないし、そうすべきでもない。後半戦は今の仕事を続けながら、「半分のスピード」とする人にとって、特にかけがえのないことである。あくせくせず、賢く働こう。

得意なことを行い、それ以外は捨てる。

私はビジョンを作り出す側の人間であり、いちいち自分の手で行うことはあまりしてこなかったのだが、そうしようと思えばできるし、しばしばそうしてきた。だが、それはもう終わりにすべきだ。強みを生かそう。

・「ノー」のタイミングを知る

あなたは成功すればするほど、人から力になってほしいと頼まれる。その時やりたくなかったり、時間がないのに、誰かに言われたからといって行ってはいけない。確実に重荷になる。自己のミッションを追求すべきで、誰かのミッションを追求すべきではない。

・制限を設ける

現在、一日に平均四件のアポイントを取っているなら、二～三件に減らしてみてほしい。いつも一時間残業するなら、定時で帰れるようにしてほしい。年間一二回出張がある人は、六～

八回に減らしてほしい。ミッションや重心課題に時間を再配分するようにしてほしい。

・カレンダーに書き込むなどしてきちんと時間を確保する

私はケン・ブランチャードの「一日の始まりはゆとりを持って」を好む。定期的に静かな時間を持つことで、人生の手綱は制御しやすいものになる。この時間は、祈りや聖書の閲読を含む、単なる奉仕以上のものでなくてはならない。完全な沈黙の時間を設け、人生がバランスよく保たれているかどうかをじっくりと見つめる。私にとって、手綱を握り続ける上でもかけがえのない活動である。

・しっくりくる人たちとともに働く

私の友人の一人で、数年前にデイトン・ハドソンの財務担当を辞任したカロル・エメリッヒは、次のように述べていた。「しっくりくる人を見つけて、ともにできる意義ある仕事を見つけたい。後半戦は、エネルギーを消耗させる人でなく、エネルギーを与えてくれる人とともにしたい」

・工程表を設定する

あなたのミッションは実にかけがえのないものだから、念には念を入れて保護すべきである。

後半戦の夢を工程表の上に載せないならば、すぐにただの願望になってしまう。

・ダウンサイズ

ヘンリー・ソロー（一八一七〜一八六二年。アメリカの作家で『森の生活』著者）がウォールデン湖畔の山小屋に引っ越したとき、不要と思われるものを処分するところから始めた。ボートやコテージ、二台目三台目の車、ゴルフ会員権などあらゆる時間やエネルギーの消耗に思いをめぐらせてみていただきたい。どれもそれ自体が悪いわけではないし、人生に楽しみを与えてくれるものだが、いともたやすく支配者になってしまう。私が知る限り、ボートを所有する人のほとんどは、つぎ込んだ分を回収するために、使い倒さなければ損と焦っている。また、ゴルフコースで四時間過ごすことが特に楽しいわけでもないのに、クラブに所属しているというだけの理由でゴルフをする人もいる。このようなものが、あなたと手綱にとって邪魔になってしまうのなら、思い切って捨ててしまおう。

・ほどほどに手を抜く

多少の語弊はあるが、誰が手綱を握っているかを知る方法がある。週の半ばに仕事をサボって野球観戦に行ったり、教会の委員会をすっぽかして配偶者と映画に行ったりすれば、誰が手綱を握っているかがわかろうというものだ。遊びは後半戦の大事業であるべきだ。費やした時間の観点よりも、意義の観点から重要である。

・電話を切る

文字通りではなく（少なくとも常時ではない）、品よく身を隠す方法を学ぼう。私は誰かに電話するときにボイスメールを用いるのは好きではないが、それなしには生きていけない。誰といつ話すか、自分で決められるからだ。携帯電話は、必要なときに用いて、不要なときは電源を切っておけば、静寂に身を置くことができる。二四時間体制で待機する脳外科医でもない限り、居場所を常に人に知らせる必要はない。

また、私はドラッカーの価値あるコーチングから、リーダーシップ・ネットワークの指針となる三つの基本原則を学び、人生の手綱を握るのに役立てている。それは次のものである。

①健康と強みの島嶼を築く

恵まれない人に手を差し伸べる慈善事業家とはまったく相反する印象を与える考え方である。しかし、健康と強みを土台とすることは、依存でなく、自立を促す妙案と言える。

②理解してくれる人と働く

あなたには限られた時間しかない。人を無理やり動かそうとすると、自力で考え動く人と組むのと比較すると四倍もの労力を要する。

③卓越した成果が出ることだけに取り組む

これはミッションであって、趣味ではない。なぜ、ごくわずかな成果しかもたらさないものに、時間とエネルギーを費やすのか。高みを目指さなければならない。

欲望だけで後半戦に何ごとかをなしとげることはできない。そのための余白を作り出さなければならない。あまりに多くの活動に時間とエネルギーを取られていると、かなうことのない夢や願望にいらいらばかりが募る。今居心地の悪いところに身を置いているのなら、居心地よく感じられるまでにそれなりの修練を要することを理解してほしい。しかし、いずれは人生の手綱を握る方法を見出せるだろう。

第17章　良き個人主義

「思うべき限度を越えて思い上がってはいけません。いや、むしろ、神がおのおのに分け与えてくださった信仰の量りに応じて、慎み深い考え方をしなさい」

——「ローマの信徒への手紙」一二：三

病的自己崇拝の終わり

私は、キリストにまた教会に人生を捧げることは、個人主義の理念と性質に真っ向から対立すると素朴に信じている人を少なからず目にしてきた。そのような人々は、キリスト者や教会に通う人たちを目にするや、何かに順応せねば気が済まない人たち、しかもいささか知性に問題を抱えていると見る。実際、読者の中には、前の章で私が人生の手綱を握り、自己の主人たるよう促したとき、キリストへの服従は「自己に死ぬこと」を意味すると教えられてきたために、いささかの居心地悪さを感じたかもしれない。

だが、そちらのほうがよほど本筋から外れているし、危険とさえ言える。なぜなら、キリスト教会では、個人主義に満ち溢れているし、奨励、支持されているためである。私たちはそれぞれ、自己の強みを必要とし、弱みを他の教会員の強みで補う一つの身体として接ぎ木されているからだ。弱々しい追従者のイメージは、聖書によって説かれるものとは違う。パウロはテモテに「強くなりなさい」と勧めている。次のように助言してもいる。「私が手を置いたことによってあなたに与えられた神の賜物を、再び燃え立たせなさい。神が私たちに与えてくださったのは、臆病の霊ではなく、力と愛と思慮の霊だからです」(「テモテへの手紙二」一：六〜七)パウロがテモテに示したイメージは、苦難に耐えうる兵士、鍛錬するアスリート、過酷な労働に従事する農夫など、屈強で男性的な像である。

個人主義を非難する人は、福音書の半分しか語っていない。堕落についての善意による聖書に照らして正しい教義は、それがすべてではない。神なしの中で私たちは確かに「奇しき恵み」を必要とするのだが、ひとたび神の恵みによって変えられると、私たちは自己を愛しつつ抑制もする、新しく、美しく、価値ある存在となるのである。

多くのキリスト者が順応主義者のレッテルを甘受しているのは、不健康な個人主義、とりわけベビー・ブーマー世代の過度の個人主義や、今日のポストモダン世代の冷笑的かつ自己中心的な考え方を多く目にしているからではないか。この種の個人主義(とはいっても、世代に限らない)は、利己的孤立、疎外、貪欲、冷淡、罪悪感をもたらす。イエスが「自己に死ぬこと」

を語るとき、固有に創造された自己に死ぬのではなく、「自分第一」の病的自己崇拝の終わりを語っていると私は思う。

「小さな自己」と「大きな自己」

前半戦の悲劇の多くは、自己にあまりにもとらわれてしまっていることによるだろう。後半戦では、あなたは自己から自由になれる。前半戦の自分は小さいが、後半戦の自分は大きい。前半戦の自己は内向きに巻かれていくぜんまいに似ていて、どんどんきつくなっていく。後半戦の自己は、巻かれたぜんまいが外向きに回るように、硬さから自分を解き放つ（図表7）。

小さな自分には、自分しかいない。疎外され、孤独で、病的なまでに個人主義的である。大きな自己は一つの全体とつながっており、超越的な何かと結びついている。超越した自己には足があり、遠くまで行けるし、レースを完走できる。

聖書には、「小さな自己」の事例がたくさん登場する。一つが「愚かな富める者」の喩えである。大きな成功を収め、財宝を収める大きな納屋を建てた人のことが語られている（私はこのような人を、高価な分譲地に家を建てているが、贅沢品をすべて収納するには小さ過ぎるという、「前半戦のやり手」と見なしている）。しかし、イエスは彼を愚か者と呼び、言われた。「今夜、お前の魂は取り上げられる。お前が用意したものは、一体誰のものになるのか」。そしてこう付け

図表７　前半戦と後半戦のぜんまい

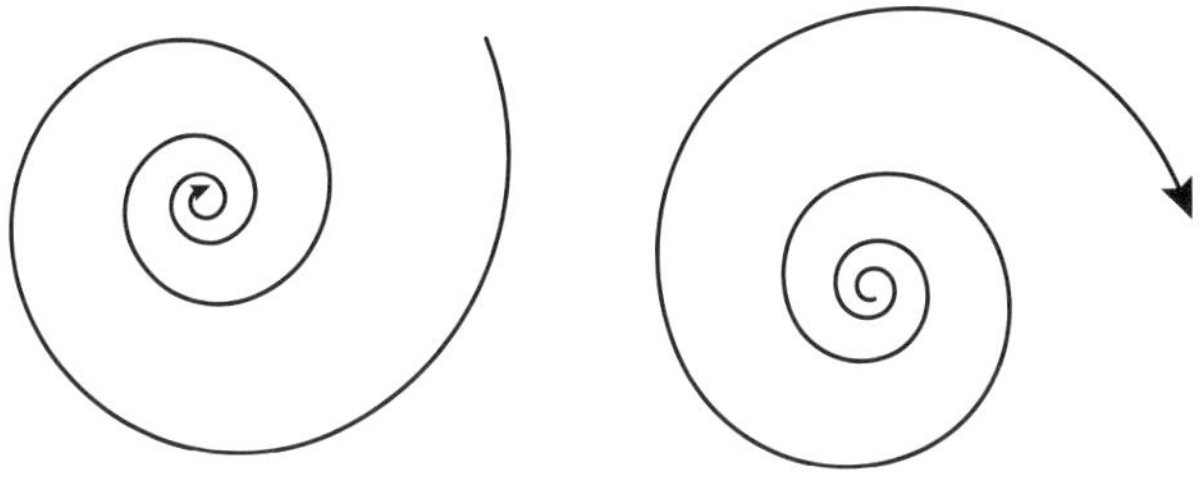

加えた。「自分のために富を積んでも、神のために富を積まない者はこのとおりだ」（「ルカによる福音書」一二：二〇～二一）。金持ちの愚か者は小さく、みすぼらしい。小さな自己の中に閉じこもっている。

しかし、聖書は大きな自己のイメージに満ち満ちている。自己のそのミッションを深く知る人はそのゆえに兄弟のために生命さえ差し出すことができる。善きサマリア人の話を思い起こしてほしい。彼の大きな自己は、汚れし民との烙印を乗り越え、路傍のけが人を救うという尋常ならざる行いをなさしめた。あるいは、洗礼者ヨハネはどうか。彼は自己の方法で物事を進める人だったが、大義に従うために究極の犠牲を払ったのではなかったろうか。また、貧しさの中にありながら、すべてを捧げた寡婦を思い起こしてほしい。彼女は自己が何者で、心の箱の中に何が入っているかを知っていた。

あなたもまた、小さな自己と大きな自己を区別できれば、偉大な模範となれる。目先の自分、つまり小さな自己を大目的のために犠牲にすることは、イエスが自分に従う報いを語ったときに意味した、より大きく、より良きものを得るために、固く凝り固まった利己主義を手放すことである。人は、自己よりも大きな目的のために捧げられたとき、いくらでも力が出るし、かつ気高くなる。

チームを作る

私たち一人ひとりは、創造主によって不完全な存在としてつくられている。私たちは成長するにつれ、小さな子供の頃の依存状態から、青年や大人の自立へと進む。自立はやはり望ましいことであるのだが、それもまた最終段階ではない。自立を越えた先にある相互依存の段階、私たちが自分一人では大きなことをなしとげられないと理解し、受け入れる段階にまだ到達していない。

使徒パウロは、コリントの教会に宛てた書簡で、このことを「体」にたとえて見事に教えてくれる。

「体は一つでも、多くの部分から成り、体のすべての部分は多くても、体は一つであるように、キリストの場合も同様です」「足が、『私は手ではないから、体の一部ではない』と言ったところで、体の一部でなくなるでしょうか。耳が、『私は目ではないから、体の一部ではない』

と言ったところで、体の一部でなくなるでしょうか。もし体全体が目だったら、どこで聞きますか。もし全体が耳だったら、どこで嗅ぎますか。そこで神は、御心のままに、体に一つひとつの部分を置かれたのです。すべてが一つの部分であったら、体はどこにあるのでしょう。しかし実際は多くの部分があっても、体は一つなのです。目が手に向かって『お前たちは要らない』とは言えず、また、頭が足に向かって『お前たちは要らない』とも言えません」（「コリント信徒への手紙一」一二：一二、一五～二一）

私は、自分だけでなしとげた価値あることを、ただの一つも思い出せない。聖書の個人主義は、目や足の個人主義であり、より大きく調和した全体の一部として機能する。私たちの文化で横行する個人主義は、ほとんど利己主義と区別がつかないくらいの前半戦の個人主義である。重心はほとんど常に個人の利益である。後半戦の個人主義は、同じビジョンを共有する人たちと手を携える中で力を発揮する。私が自己の強みと天賦の才を礎に、補ってくれる人たちに頼ることで、仕事を完成させることを学んだのはずいぶん昔のことだった。

利他的なエゴイズム

数年前、私は当時ストレス研究の世界的権威の話を聞く飛び抜けて幸運な機会に恵まれた。

ハンス・セリエはカナダの微生物学者で、矛盾にも聞こえるフレーズを作り出した。「利他的エゴイズム」というものだ。セリエの説明するところによると、あるいは私がその主著『生命とストレス』から学んだところによると、利他的エゴイズムとは、人を助けることは自己を助けることという聖書の真理にほかならない(1)。セリエは、隣人からの信頼を得る人は、自己本位の貪欲と見なされる人より、心理的にも生理学的にも劇的なまでに豊かになるという。

セリエによれば、隣人の信頼を得る最善の方法は、明示的にせよ暗黙にせよ、「あなたのお役に立てることは何でしょうか」と尋ねることだという。可能ならそれを実行することとも言う。私はうまく説明できないのだが、少なくとも私にとってはその通りだった。これまでこの問いを発する中で、誰かにうまく利用されてしまったことは一度も思い出せない。むしろ、問いがめずらしくて、あけすけなのに人は驚くほどだ。ほとんどの場合、私は真に役に立つことができたし、時にはお金も時間も要しないことがしばしばだった。

教会指導者であり作家でもあるフレッド・スミス・シニアは、何年も前に私に、キリスト者であることは、当初は義務や訓練からなすべきと学んだことを、「反射的に」行うことだと語った。「あなたのお役に立てることは何でしょうか」と尋ねることは、最初は私が義務として学んだことである。しかし、何度も行ううちに今では反射になった。

たとえば、昔、カンザスシティ・チーフスでプロフットボール選手だったジェリー・メイズという建設業者とグループで一緒になった。ジェリーは「心優しき巨人」とも言うべき人物だったが、癌を患い衰弱を遂げる中で、私たちの目の前で信じがたい勇気と威厳を示してくれた。あるとき、私はジェリーに、バチカン・コレクションの子羊と十字架の彫刻レプリカを贈呈した。すると彼は、私の行いにキリストに似たものを見たという、これまで受け取った中で私が何より心動かされる手紙を送ってくれた。彼は天国で、息子のロスに挨拶するとも約束してくれた。この彫刻レプリカがジェリーの人生にある種の喜びをもたらしたことは確かだが、むしろ私が彼の手紙に感じた内なる喜びのほうが言い表しえないものだった。受けるより、与えるほうに恵みがある。

かくも具体的な形を取った「隣人愛」は、目に見える現実の利益ももたらす。ローマ・カトリックの雑誌『リグオリアン』初出の次の記事を見てみたい。

「イエスがかつて説いた『受けるより与えるほうが幸いである』(「使徒言行録」二〇：三五)との聖句が、今、医学研究によって科学的に証明されつつある。一見矛盾することは、キリストの目を通して見るときにのみ意味を持つ。科学者たちがこの矛盾に見える命題が真実と証明するのみならず、さらに、他者に手を差し伸べることは健康にも良いと主張するからだ。(略)ミシガン大学の研究によると、定期的にボランティア活動にいそしむ人は、生きる力が高まり、寿命も延びるという。加齢研究でも、これと同様の結論が出ている。(略)イリノイ大学のストレス研究者は、人とのつながりを感じる人は、穏やかでぴりぴりしたものがないことを見出した。(略)与えるとは、理解から共感、思いやりから奉仕活動まで、さまざまな形を取る。

図表8　2つの個人主義

健全な個人主義	不健全な個人主義
チームの一部	傲慢で孤独
神とともにある （神に対して富を積む）	神の不在
強みによって働く	弱みの中で作用する
外に向かって公言できる	恥辱と罪悪感への閉塞
自己実現とコミュニティ	さらなる成功＝さらなる孤独＝コミュニティの減少

受け取るものが何であろうとも、中心は変わらない。自身を与えることは愛を与えることであり、愛は与えることで倍増する唯一の贈り物である」

心を患う人にとって、他者への奉仕や親切によって、自分の問題から抜け出し、時としてそれ自体が「処方箋」にも等しいと読んだことがある。息子ロスを失ってからの数週間、「一時的な症状の緩和」（アスピリンの箱に記されている能書き）をもたらしてくれたのは、誰かに心から手を貸したことだったと腑に落ちた。自己の殻を抜け出して、誰かに手を差し伸べることで、心は穏やかになる。だから、後半戦に信条やミッションを掲げるのは価値あることである。というのも、忙しさで心を紛らわしてくれるのみならず、大きな自己の扉を開ける鍵にもなるからだ。

私は、後半戦を良きものとする秘訣の一つは、自己愛を正しく知ることにあると思う。前半戦の成功が孤独なのは、それが内側に方向づけられているからだ。

後半戦は、自身を、才を、資源を、外側に注ぎ出すことが意義を高めてくれる。後半戦に突入したら、自身に目を向けてみていただきたい。

図表8に、あなた自身の個人主義に注意を促す「道路標識」がいくつかある。

第18章　生涯学び続ける

「汝の得るすべてをもって、理解を深めよ」
——毎月引用される『フォーブス』裏表紙掲載の「箴言」（四：七）の翻案

学ぶ喜び

私が真の学徒となりえたのは、学校を出た後だった。私はそんな人のほうが大半だろうと思っている。高校や大学では、私たちは学生ではなく、お客さんだった。教育は収入を得るための手段である。実りある人生の「クローズド・ショップ」（採用時に特定の労働組合に加入してぃる労働者のみを雇用し、脱退などで組合員の資格を失った労働者を解雇する協定）の労働組合員証だった。政府広報は、大学に入るため、あるいは良い仕事に就くために学校に通い続けるよう子供たちを促すが、人生の意味を学ぶため、あるいは古典文学の深い洞察を獲得するために学校にとどまるようにとの広報を聞いた記憶がない。

私は教育制度を批判しているのではない。ただ、それは前半戦に向いているということである。私たちは、それがどう働き、どうキャリアを進め、どう成功するかを教えることを要求する。ほとんどの場合、教育制度は私たちに実りをもたらす土壌を提供してくれる。ただし、私たちがハーフタイムを迎えるまで、教育にそれ以上は求めないし、到達してようやく、人生は学び手である限り豊かになり、学び手をやめたときに狭くなる事実に思いが至る。

ある友人が、飛行機で出会ったある男性の話をしてくれた。その人は大学に一四年間在籍していたという。彼は、学位マニアの「永遠の学生」でもなければ、仕事の関係で長期研修をしているわけでもなかった。彼は会社から別工場に派遣される整備士で、高校を卒業してからずっと整備に従事していた。数年間、大小さまざまな鉄箱溶接を行い、その仕事に誇りをもっていた。そんな時、新聞で数週間後の地元コミュニティ・カレッジの講座広告を目にした。アウトドア好きだったこともあり、生物の授業に申し込んだら、すっかりはまってしまった。今では、彼は英語以外に二か国語を話し、英語学の学士号と同等の学位を保持する。彼はまた物理、音楽、宗教、歴史も履修している。彼は今でも箱を溶接している。

彼を道楽者というのはたやすいが、私には何かがときめいた。なぜ、すべての学習が実用的な目的を持たなければならないのか。学位取得でもなく、ドイツ出張でもなく、単にドイツ語やフランス語を話したり読んだりしたい純粋な動機から、新しい言語を学んで何がいけないのか。この人は、学ぶ喜びを知ってしまった。高校を卒業するまでそれは発見されなかった。彼の場合は、輝かしい知の後半戦に扉を開いた。

「空っぽ」

後半戦も学び続けることが大切なのには、いくつかの理由がある。学びが、変化に前向きかつ実りへの備えとなるのであれば、今までになくかけがえのない意味を持つはずだ。たとえば、私の短い生涯で、マイノリティ・グループが、「バス後部の着席」を強いられる隔離政策から、多文化主義によるクオーター制（マイノリティ保護政策）へのシフトをこの目で見てきた。人は学ぶことなしにこのような変化に適応することはできない。

私はこれまで七つの仕事を経て、現在は戦略的ブローカーとして活動するが、舞台は常に移り変わる。体系的に、少なくとも一貫した学習なくして、ミッションを果たすことはできない。もう一つ、後半戦に学ぶべき理由は、身につけた専門分野の「アンラーン（学習解除）」である。前半戦の学び手の多くは、専門分野の言語と業務の訓練を受けている。会計士は税法には詳しいが、経営理論には疎い。神経外科医はメスからレーザー、放射線診断装置へと進歩しているかもしれないが、銃創の治療は難しいだろう。後半戦のミッションは、トータルで広汎な実務者を必要とする傾向がある。

また、頭脳の明晰さを保つという現実的な問題もある。老いによる衰え（アルツハイマー病と混同しないでほしい）は、もはや加齢による必然的な症状とは考えられていないと私は聞いている。老年病理学者の多くは、精神的な活力に関しては「用いなければ失われる」の説を唱えている。私は、六〇を目前にして精神が衰弱していく男女を、あまりにも多く目にしてきた。私はそうなりたくはないし、あなたにもそうなってほしくはない。私は、ドラッカーNPO財団設立当初、八〇代半ばのドラッカーや見事なまでに若々しいフランシス・ヘッセルバインとともに汗を流す中で、「引退」後の日々がいかに活気に満ち、実り多き季節になるかを知った。

しかし、活発な知性を育むのに説得力あるものは、門外漢の私が見るところでは、新約聖書の「ルカによる福音書」一一章二四〜二六節の、イエスが悪魔を追い出した記述にも見出せる。イエスはこう言った。汚れた霊がある人の家に戻ってきたとき、「家の中がきれいに掃除をしてあった」ので家に入り、自分より悪いほかの霊を連れて来た。それは広い空間があったためだった。

私は「空っぽ」がポイントだと思う。私たちの心が空っぽになれば、後半戦のミッションから最も遠い何かで満たされる危険と見てもいいだろう。いずれにせよ、私たちの心は何かで満たされることになる。私がトークショーやソープオペラ、タブロイド紙などの低俗なものばかり目にしていたら、今の私はどうなっていたかと思うとぞっとする。だからこそ、私たちは、安きに流れないために、健全で良きものをせっせと学ばねばならない。聖書を学ぶことが生涯学習として私が有効と考えるのもそのためである。「ごみが入ればごみが出る」が本当なら、逆もまたしかりであろうから。

偉大な芸術は物事の精神をとらえる

すべての人の後半戦に即応するカリキュラムを組むことはできないが、私は一般的に次のルールを適用する。すなわち、「あなたは真に必要なこと、動きたいことだけを学べばよい。それ以外はただの趣味であり、暇つぶしにほかならない」。言い換えれば、大切なこと、後半戦のミッションにかかわることが、あなたにとって最高の学びである。

このルールからすると、先ほどの溶接工が知識をどのように使ったかは私は知らないが、たんなる趣味以上ではなかったのだろう。学びにともなう純粋な喜びは、ある人々にとってはそれ自体が目的であるかもしれず、それ自体が悪いとは言えない。何の価値もない楽しみと比べれば、スペイン語教室に申し込むことはよいことだと思う。しかし、たとえばぼんやりとしたものでも特に目標を持たずに学ぶならば、学ぶことは結局のところ暇つぶしなのだとの見方に陥ってしまうだろう。ミッション達成に必要なことに集中し、そのために何ができるかを創造的に、自由に思いをめぐらせることをあえてお勧めしたい。

たとえば、私は芸術を学んでいる。高価でない程度の画集を買ってきて、絵の複製を切り抜き、クローゼットのコルクボードにピンで貼っておいて、朝晩、着替えのときに目にする。機会があれば美術館やギャラリーに足を運び、自宅にはささやかなアート・コレクションがある。芸術研究とキリスト教慈善家としての活動を直接結びつけることは難しいが、芸術からのインスピレーションを信じているのは間違いない。数世紀前の日本のある学者が、「偉大な芸術は物事の精神をとらえる」と述べた。私は絵画を見るとき、美しさや力強さ、感動に心揺さぶられ、自己や世界について、つまり人間について何ごとかを学ぶことができた。私にとって、芸術は生涯学習の一角を占めるのに十分にふさわしい資格を備えている。

私の仕事は人間組織が中心なので、事業、マネジメント、リーダーシップその他関連領域のセミナーやワークショップ、会合、勉強会なども利用する。同様に、後半戦の学習プログラムには、人生ミッションの「実践」的な分野での公式および非公式の学びを含めなければならない。あなたが弁護士で、都市教会のためにプロボノで法律相談を持つのに本業の時間を減らすと決めたなら、まず非営利の法律問題について最新の知識を学ぶことには意味があるだろう。あるいは、あなたが公立学校の教師で、多くの地区で提供される早期退職優遇措置を利用していた折、地元教会を介して学習スキルセンター設立を持ちかけられているとしよう。あなたはこのセンター支援のためにボランティアを募集しなければならないため、地元のユナイテッド・ウェイなどの慈善団体の役職員と面談して、ボランティア活動のダイナミズムを学ぶことには価値があるだろう。

後半戦にシフトする際に多くの人が犯す間違いは、善意に頼ってしまうことである。もしある時点で、人生のミッションがなかなか前に進まないのに落胆したなら、夢を実現するのに必要な知識や情報が十分に入手できていないのかもしれない。

後半戦の学び方

後半戦であなたのなすことは、すべてが「学び」そのものである。というのも、学ぶことは、新たなものの発見にほかならないからだ。縁のあったすべてから学ぶのであって、形式に押し込めてしまう必要はないだろう。以下に、学びのシステムがどれほど多様であるか、私や他の人々にとって役立つものを挙げておこう。

・講義に出る

先に挙げた溶接工を真似るのは悪くない。私も興味本位とかミッションに役立つと思って、講義に参加したことがある。体系的な勉強をすることには確かな意味があるし、四〇を過ぎてから学校に通うメリットは、もはや他の学生と競争するプレッシャーがなくなることだ。あなたにはすでに仕事もあるわけだから、成績にこだわるのでもなく、何かを学ぶことに全力を尽くせる。いずれにせよ、よいほうの成績を取得することになる（あるいは、希望すれば、成績を気にせずに聴講だけでもいい）。

・聞く、尋ねる

私が一貫して行っている学習方法である。ただ聞くだけだ。時には、尋ねるまでもない。ただ周囲に耳を澄ませるだけでいい。出張の多い人なら、飛行機の中でどれだけ学べるか（どれだけ人脈を広げやすいか）、おわかりだろう。

・オルタナティブ・メディアとインターナショナル・メディア

すべてのメディアには芯がある。もしあなたにとって従来のメディア（ネットワークテレビ、日刊新聞、ニュース雑誌）しかニュースソースがない場合、間違ってはいないにせよ、やや偏ったイメージを形成することになる。専門誌、ケーブルテレビ、衛星放送、ネット・サーフィンによる無数の視点や情報源で、標準的な情報を補おう。公共のラジオ放送を聴いたり、『ニュー・リパブリック』『ニュー・パースペクティブズ・クォータリー』『アメリカン・デモグラフィックス』『ユートネ・リーダー』『アトランティック』『ウィルソン・クオータリー』『ワイアード』などの雑誌にも目を通そう。『ウォール・ストリート・ジャーナル』や『フォーブス』はたんなるビジネスだけではない。すべてに賛成するわけではないが、それも学びの一部ではあるだろう。

・読書

ノンフィクションのみならずフィクションも、貪欲に読む。キリスト教書も一般書も読む。読書会を立ち上げ、読んでいる本について他の視点からの意見を得る。私は毎年秋と春に、生涯学習の仲間たちと古典を読む講座に参加している。

・オーディオブックや電子書籍

あるいは前半戦の名残なのかもしれないが、私は服を着ながら、運転しながら、運動しながら、たくさんの本を「読んで」いる。というのも、電子書籍端末が利便性を高めるにつれ、電子書籍をダウンロードできるようになったからだ。「ティーチング・カンパニー」のコンテンツでは、大学のトップ講師を集めた「スーパースター講師シリーズ」が展開されている。ほとんどの出版社ではオーディオ版を提供しており、オーディオ版コーナーはリアル書店でもオンライン書店でも増加している。

・コンファレンス

優れたコンファレンスは、大学の一学期分の授業よりも優れていることがある。なかなか参加できないセッションのＣＤやＭＰ３を手に入れよう。メモや配布資料は、参考のために保管しておくとよい。

・人に話を聞きにいく

私は、誰かの話を聞くのがいかにたやすいかにしばしば驚かされる。あなたが記者でないことがわかれば、たいていの人は喜んで数分なら話に応じてくれる。ただ、準備は万端にして、決められた時間をオーバーしないように。地球上の誰とでも、電話一本で連絡がつくと言われている。本当だ。

・旅に出る

教育の最たるものの一つは、旅行である。妻リンダと私は、少なくとも年に一度は世界のさまざまな地域を訪れ、見聞することを習慣にしている。後半戦の人々の間では、「目的ある旅」がちょっとしたトレンドになっていて、地理、宗教、政治、人類学、芸術、音楽などを一つにパッケージした快適な旅ができる。

・テレビ

テレビ業界で働いてきた者の一人として言わせてもらうならば、テレビは学習の偉大な手段たりうる。平均的なテレビ視聴者は現在、二〇〇を超えるチャンネルを二四時間いつでも見られる。一〇〇時間分の番組を録画・保存できるＤＶＲのおかげで、ニュースやスポーツを除けば、番組をその放映時間に視聴することはほとんどなくなった。好きなときに録画した好きな番組を観るだけだ。

・チーム学習

ベストセラー作家でＭＩＴ（マサチューセッツ工科大学）教授のピーター・センゲ（一九四七年〜。アメリカのシステム科学者）は、「現代の組織では、個人ではなくチームが学習の基本単位である」と述べている。(1) 神は、人間の設計図に思い上がりに対する制御装置を組み込まれた。私たちは、他の分野と同様に、学習でも相互依存関係にあるのがそれだ。私は、ある問題に一人でしばらく思いをめぐらせた後、必ず他の人とギブ＆テイクする必要を感じている。それが全体の中のパズルのピースを見つける方法である。

・インターネット

インターネットは学習のはかりしれない情報源となる。あなたが習熟しているなら、文字通り指先一つで情報を得られる。ただ一つ注意してほしい。これだけ多くの情報が瞬時に手に入ると、信頼性・信用性の問題が出てくる。言い換えるなら、ネット上にあるからといって、それが真実とは限らない。

文明の大きな悲劇の一つは、子供たちの学習態度に変質が生じることである。学校教育のある時点で、子供らしい学習意欲から、知識獲得への消極的抵抗に変わってしまう。それはやむをえないのだろう。しかし、私が提案したいのは、人は真に学ぶことへのわくわくした思いを取り戻すことができるということである。後半戦における学びへの熱は、知らないことは何も恥ずかしいことではなく、だから、もっと学びたいのだということを示している。「プロフェッショナル」が知識の尺度ではなく、肩書きやラベルみたいなものだと認めることである。後半戦では、未知の世界に対して、喜んでアマチュアたることである。

第19章　敬意をもって目を外界に向けよ

「すべての成果は外にある。内にあるのは努力とコストだけである」

――ピーター・ドラッカー

私は「ファゴット奏者」

セカンドハーフの人は、ファゴット奏者に似ている。考えてみていただきたい。ファゴット奏者は、オーケストラを一歩出るとあまり出番がない。トランペット奏者、ヴァイオリン奏者、ピアニストは皆ソロになれるが、ファゴット奏者は、ほとんどの場合、ソロになれない。ごく稀なファゴットのソロといっても、オーケストラやアンサンブルでの演奏を想定して書かれている。

この現実を受け入れないファゴット奏者は、辞めてしまうか、ソロのパフォーマンスによって世の関心を惹こうとするかして、いずれにしてももやもやするだろう。幸いなことに、ふつうのファゴット奏者は現状を受け入れ、独特の低音の妙なる調べを提供してきた。

この喩えは後半戦を生きる者にとっても二つの見過ごすことのできない事実を示している。一つは、チームプレーヤーとしての十分な自覚があること。もう一つはわれわれが外界を敬意をもって受け入れ、自己では変えられないもの、永遠の存在との調和ある関係をつくる必要があることである。

私のケーブルテレビ会社の経営陣は、毎月の外的環境の検討に約二五％の時間を費やした。たとえば、規制変更、ライバル社への顧客反応の変化、文化の変容、新技術、人口動態の変化などである。しかし、外界をどうすれば変えられるかに時間を浪費しなかった。というのも、そもそも不可能だからだった。外部環境は、組織にとって機会にもなり、また脅威になるが、一つだけ確かなことがある。外部環境は常にあなたを取り巻いているということだ。

前半戦の登山でそれは得られない。

風車は角度を調整しなければ役に立たないし、そうしなければならない。時に、前半戦の外界へのアプローチは、戦うか敗退するかのどちらかだ。しかし、野心と頑迷は紙一重だ。ハーフタイムにあなたを追い詰めたものは、自分ではコントロールできない外的条件と常にぶつかり合っていても、何も前進していないという現実だった。

後半戦は、外的条件を受け入れるのみならず、敬意をもって遇することを学び、創造的に機会に変える方途を見出すべきである。

最たる例が、マイクロソフトである。さほど昔のことではないが、誰もがコンピュータの大鉱脈に狙いを定め、一夜にしてコンピュータを作る会社が現れた。多くの会社が大儲けした。ビル・ゲイツ（一九五五年〜。アメリカの実業家、慈善家）は、その光景を眺めながら、IBMが巨大な摩天楼のようにそびえ立つのを見た。彼は、IBMが最大プレーヤーであることを知っていた。彼が敬しつつ受け入れたのがその外部条件だった。巨大な風車に小さな槍を打ち込むのではなく、別方向へ進路を取った。その他の会社は滅び去った。IBMの一〇分の一程度の企業価値の会社が、いつかIBMを超える日が来ると、誰が想像しただろうか。ビル・ゲイツがIBMに対抗してハードウェアを作ろうと思ったら、どうなっていただろう。

時には、外部環境に近づき過ぎて、呑み込まれそうになる。私の場合もそうだった。私は門外漢であり、またコンフォート・ゾーン（安全圏）から外れたベンチャーに関与したことがある。私のパートナーは、ケーブルテレビ業界で競争するために何とかせねばと焦っており、私にソフト・ポルノを提供するように圧をかけ始めた――実際にはソフトというよりいささか「ハード」だったのだが。もちろん、私はそんなものとはかかわりたくなかったので、強いストレスを感じた。加えて、経営破綻の危機に瀕する事業運営のプレッシャーもあった。おわかりの通り、その種のものを提供すれば、確かに新規の視聴者も増えて、収入をもたらしてくれるかもしれないけれども、私は提案を受け入れなかった。その決断は、財務的には急激なひっ迫をもたらした。

そんなあわただしいさ中、日曜学校の講義をしに出向いたことを覚えている。その時の講義は「コリント信徒への手紙一」の一三章だった。信じていただきたいのだが、私は有名な愛の章に書かれていることは何も感じていなかった。だが、私は気づいているべきだった。それというのも、受講者の一人が私のところに歩み寄って、こう語ったからだ。「今あなたが講義したことを僕が最後に感じたのは、韓国で戦闘機のパイロットをしていたときでした。もしかしたら、あなたを苦しめているのは仕事それ自体ではなく、あなたがその仕事に携わっているという事実なのかもしれないと思ったことはありますか」

まさに図星だった。私がなすべきことは、外界の現実を受け入れることだった。私はもはやケーブルテレビ事業に属してはいなかった。このまま残って死ぬまで戦うこともできるけれど、絶対に変わらないものがある。だから、一九八二年二月一二日という日が、私の後半戦の始まりとなった。一念発起であったが、それが正しいことを私は知っていた。

権威には意味がある

人生に権威は避けられない。ゲームは選べるけれど、ルールは選べない。

テニスをするなら、サーブはラインの後ろからで、ボールはサイドライン内に収めなければならない。バスケットボールなら、ただボールを持って走るのではなく、ドリブルでコートを駆けなければならない。簡単に言えば、ゲームを選んだ時点で、ルールを受け入れたことになる。好むと好まざるとにかかわらず、ルールが動きを支配する。ルールに従えば勝率は高い。ルールを破れば、ゲームを終える機会さえ失うことになる。

「ルールは破るためにある」と豪語したのは、きっと前半戦の人だったのだろう。梯子を上る途中には、一段飛ばし、近道したい誘惑に駆られる。権威への服従は、前半戦の多くの人にとってどことなく生ぬるいものに見える。若年層の自動車保険料が高いのは、交通法規の権威を尊重しない傾向にあることが証明されているからだ。スピードを出し、危険を冒し、権威などものともしないよう自己を欺く。前半戦の人たちも同じように動く。真っ向から否定するのは稀だが、多くの前半戦の人は「ストーブに手を触れるな」という警告を、権威の限界を試す誘惑と受け止めている。

前半戦を生きる人にとっての問題は、端的に言えば、生活維持に仕事が必要ということだ。仕事があまり好きではないかもしれないし、上司を尊敬できないかもしれず、会社のものの進め方に納得がいかないかもしれない。それでも簡単に辞めてしまうことはできない。そんなことをしたら、誰が家賃を払い、食料品を買うのか。要するに、嫌でも雇用主の権威を受け入れなければならない。後半戦になると、一般的に自由度は増していく。誰が、何が、自己の人生の権威となるのか選択をしやすくなる。それでも、あなたは完全に権威から解放されて生きることはできない。神を心の箱の中に置いたのなら、ほとんど自動的に神の権威を受け入れることになる。

もちろん、福音の逆説が示すのは、キリストの権威に服従すればするほど、よりあなたは劇的に自由になれることである。それが私にとっての後半戦の魅力だ。二〇代の若い男女が、仕事や結婚での失敗など、変えられない外的条件から自由になろうとあくせくする姿を私はたくさん目にしてきた。私はそんな生き方はしたくないし、誰だってそうだろう。違和感がピークに達したとき、人はハーフタイム固有の問いを発し始める。心の箱の中に何があるかがはっきりすると、自分がいかに不毛な戦いに明け暮れてきたかに気づく。十字架の道は、私たちに偉大で味わい深い逆説を示してくれるのだ。真の自由を得るためには、あなたは神の権威に服従しなければならない。

それが口先だけ、あるいは過分に「宗教的」と思われなければいいのだが。キリストに忠誠を誓った人でも、不公平な上司や退屈な仕事、子供の問題、辛酸に満ちた結婚生活など、人生のさまざまな苦悶に直面するのに変わることはない。だから、「神に委ねなさい」などというお手軽な助言にはあまり関心がない。しかし、これだけは言っておきたい。前半戦の問題を解決し、神が心の箱の中にいると決めたら、それらの問題と共に生きるために、より多くの恵みと自由を得られる。もちろん、少なくとも問題は即座に消えてなくなってくれるわけではない。しかし、ふさわしく問題に処し、そこから学び、さらには人生のミッションのための機会に変えられる。

息子を亡くしたとき、私は熱心なキリスト者だった。私はすでに神を心の箱の中に置き、神を私の人生の第一の忠誠とするミッションを実行し始めていた。だからといって、外的現実の恐ろしい進展がとどまることはなかった。激流は屈強な泳ぎ手さえも溺れさせる。喪失に処するのは困難を要したが、正直に言って、信仰がなかったら私が今の状態でありえたとは思えない。自然界の外的条件と超自然界の権威を尊重し従うことで、あなたは後半戦での成長と奉仕を自由に行えるだろう。

第20章　一つひとつのプレーにベストを尽くす

「あなたは命を選びなさい。あなたの神、主を愛し、その声を聞いて、主に付き従いなさい。それによってあなたは長く生きることができる」

――「申命記」三〇：一九～二〇

ここに聞きたくないかもしれない秘密がある。前半戦から後半戦へのシフトは難業を伴うことである。一週間、一か月、一年でできるわけではない。また、厄介なことに、前半戦と後半戦の境界線は目には見えない。

それでも、惑わされることなく、心を込めてプレーしていただきたい。常に私に起こることなのだが、私に耳を傾ける方の中には、定石通りでなんとかなると思う人もいる。うまくいかないと、もう意欲を喪失してしまい、ファースト・カーブの下り坂に身を任せることになる。あなたをゲームにとどめる好例は、拙著『ビヨンド・ハーフタイム』（未邦訳）である。私が長年にわたってハーフタイムの旅人たちと共有した助言や激励をもとに書いた。

私は何年か過渡期にハーフタイムを過ごしたが、今なお気を緩めてはいない。行程で心楽しむことも少なからずあった。あなたはスタート地点を間違えてしまい、元に戻るために人工地震による探査を行ったり、お金のかからない探索を試みたりしなければならないだろう。私がすでに述べたように、大切なのは第一のカーブが下降する前に第二のカーブを始めることだ。

ある私の友人は、前後半戦に「半分ずつ」足を踏み入れている。彼は、世界最大級の不動産関連企業の経営パートナーである。この業界の不況で純資産がかなり目減りしたとき、彼は会社を資産価値追求型からサービス提供型に完全に再編成した。新幹部を育成すると同時に、多くの政治的、市民的関心に並行してキャリアを積み、大学の理事会メンバーであり、教会での活発な教師でもある。きっとどこかで、彼はパラレル・キャリアを一つの活動に絞り込み、私がそうしたように、誰かに事業を譲り渡すのだろう。だが、それは今ではない。したがって、彼は前半戦にいて、フルスピードでアクセルを踏み込んでいる。また、彼はハーフタイムで人生の蓄積をもとに、心の箱の中にある何かを見定めようとしている。同時に彼は後半戦にいて、高い目標のために自己の才を用いて、人生の再整理に取り組んでいる。もうしばらくは、三つの地点にいるのかもしれないが、プレーに精魂を込め、ゲームを心楽しく進めている。

忘れないでほしい。後半戦はゲームの一部に過ぎない。私たちは皆、ゲーム全体をプレーしなければならない。

私はこれまで、人生でいかなる犠牲を払ってきたかと聞かれたことがある。答えは容易なものではないのだが、それというのも、人々が望む多くのこと、すなわち、結婚、自由時間、成功事業の売却などによる経済的安定を実際に手にしていたからだ。しかし、手に入れるために私があきらめなければならなかったのは、「自分の時間」だった。別の言い方をすれば、私は人生の相当部分を「Ｊゾーン」の両端で、取引成立を今か今かと待ちながら、あるいは事業や教義の退屈な基本的事項に耐えながら過ごしてきた。

私にとって業務を点検し、管理職に「見せて、語ってもらう」時間を与え、ひたすら聞き役に徹した時間は数え切れない。もちろん、私が最も聞きたいのはお世辞にも刺激的とは言い難い一文、「特に問題はありません」である。私は、一日に一五分間、ロスに意識的に耳を傾け、彼の思考回路になじむために、あらゆるリフレクティブ・リスニングの技法を駆使した。短時間に思えるかもしれないが、大事なことが山積みで、しばらくの間、人の会話から離れ、安らぎを求めて帰宅したときなど、それは永遠のように感じられたものだった。

トーマス・マートン（一九一五〜一九六八年。アメリカのカトリック教会厳律シトー会［トラピスト］の修道司祭、作家）は、あなたが必要とするものは、すでに人生にあると書いた。彼はそれを「隠された全体」と呼んだ。彼が言いたかったのは、充実を得るために自己の外部にあるものを追い求める必要はないということだ。私たちの多くにとってそうであるように、前半戦はそうであっても、やがて金や名声、所有、経験では決して満たされないことを学ぶ。後半戦で私たちに訪れるものとは、すでに前半戦の投資の結果であって、突然降って湧いてくるものではない。

私は、キリストに「イエス」と答えられたら、まったくの別人になれると思っていたものだった。ライフスタイルをがらりと変え、第三世界のどこかの国で難病患者のために一日汗を流さなければならないと思っていたものだった。

私はそのようなミッションに召され、備えられていると感じる人々を否定するのではない。ただそれが私ではなかったと言っているだけである。神が私に企業家、構想家、チームビルダー、マネージャー、リーダーとしての資質を備えさせた以上、それらの資質を十分に投入し生かしえない場に私を置かれるはずがないと感じたのだった。私は神が築き上げたものを無駄にすることはないことを知り、心から安堵した。私は前半戦の私と同じ私であったのであり、ただ違う場に置かれただけだった。あなたにとっても事情は変わらないだろう。

神はあなたを作った後、一歩下がって「これは私の心にかなう」と言った。神は、あなたの魂に、自身とつながりたいとの思いを植え付け、その道も用意された。人生の前半戦であろうと、ハーフタイムであろうと、後半戦であろうと、神があなたに願うことは、あなたらしく、価値ある賜物を用いて、神に仕えることである。

第21章　お金の問題

後半戦への自己投資

　ハーフタイムでよく聞かれる質問に、お金に関するものがある。意義ある後半戦を送るために、裕福でなければならないのか。実際、この疑問は多く発せられるものなので、巻末のQ＆Aにも入れておいた。「お金の問題」は、多くの人にとってつまずきの石になっているようなので、いくつかの誤解を解くために、もう少し考えてみる価値がある。

　まず、シンプルな回答だ。後半戦を実り多く意義あるものにするために、裕福になる必要はない。ハーフタイムはお金の問題ではない。かすかにささやく声に応えることである。人はどんな経済状況にある者でも、最終的には、仕事、お金や安全、あるいはいかなる基準ではかった成功よりも、別の何かに自己の人生を投ずる必要を感じるものである。私たち一人ひとりの中にある普遍的な欲求であり、仕事や収入に関係なく、何かをなしとげ、後世への最大の遺産を残す道を見つけられると私は思う。たとえば、キャシー・ブラウンは、さまざまな事業上の苦難や自身のアル中を克服し、アルコール依存症の親を持つ子供たちの支援団体レインボー・デイズを立ち上げた。リサ・トレヴィーノ・カミンズは、大学を出てすぐテキサスのバンク・オブ・アメリカに就職し、雇用主を説得して荒廃した都心部の再開発を支援した。結果、ジョージ・W・ブッシュ大統領から「信仰の地域社会構想」のリーダーに抜擢された。決して裕福ではなかった人から、血湧き肉躍る後半戦のミッションが湧き起こっている。このことを語ろう。

大きな富に恵まれたならば、後半戦の自己投資で多くの選択肢と多くの自由を持つのは間違いない。私が前半戦を脱する一念発起をしたとき、それまでの蓄えで後半戦を賄えるとわかっていた。だが、誰もがそうできるわけではない。実際、この本を手に取る大半はそこまではいかないだろう。しかし、私は、ハーフタイムに「到達」していながら、もう少し稼ぐまで待っている多くの裕福な人たちを目にしてきた。彼らは、お金を現状継続の言い訳にしてしまっている。それと同時に、住宅ローンや他の生活費を支払うために高いとは言えない収入に頼る人たちが、偉大な善のために自己の才や力をすべて用いる冒険に人生の時間を使っていることを私は知っている。

もう一つ、「金持ちにしかできない」に付随するものとして、「ハーフタイムは悠々自適の早期引退」との誤解がある。言い換えるならば、富裕層は「仕事を辞める」贅沢が許されており、心に懸ける慈善団体に小切手を送ったり、非営利団体で時々ボランティアをしてみたりする余裕があると。

だが、ハーフタイムは、現実には引退の真逆である。引退者の多くが経験する退屈な生活への対抗手段である。現実には、前半戦よりも後半戦のほうが懸命に働かなければならないかもしれない。少なくとも私はそうだった。私が会社の経営を他人に譲り、後半戦のミッションにエネルギーを注げるようになっても、仕事のスケジュール表はさしたる変化を見せなかった。毎日オフィスに通い、会議に出て、人を採用し、取引を成立させ、出張をこなした。

仕事の目的は、いつか仕事を辞めて悠々自適の生活をするための十分なお金を稼ぐことだという考えをわれわれは警戒すべきである。フレッド・スミス・シニアが私に語ったように、「仕事とは、人をつなぐ心理的接着剤」である。ミハイ・チクセントミハイの優れた著書『フロー体験　喜びの現象学』にある。著者が個人に機器を持たせ、それぞれの時間帯の満足度を調査した興味深い研究が紹介されている。彼らは皆、もっと余暇を過ごしたいとの望みを持っていたが、実際には、意味ある目標に向かって働いているときのほうが、くつろいでいるときよりもはるかに高い満足度を示していた。余暇はライフステージに関係なく、時折必要ではあるが、フルタイムの余暇は魅力的に聞こえるだけで、精神や情緒面での健康に決して資するものではない。それでは決してうまくいかない。

あなたにとってレジャーや自由時間がハーフタイムの動機であるなら、長期休暇やサバティカルが必要なだけかもしれない。ストレスの多い仕事をする人がいったんクールダウンして、長期休暇を取ることは決してめずらしくないが、それをハーフタイムと混同してはいけない。ハーフタイムは、お楽しみより時間と才にかかわるものだ。

「私は何を信じているのか」の問いに始まり、「私は信じていることをもって何を行うか」へと移っていくものだ。神から与えられた才と、前半戦の仕事人生で学び取ったすべてを、偉大な善のために用いる道を見出すことだ。前半戦で自己の仕事と信念を結びつけられる人などほぼいない。だが、後半戦になれば、誰にでも偉大な機会が与えられる。

・フルタイムの仕事

では、預金口座に数百万ドルを持っていないのなら、張りのあるハーフタイムを過ごすのをどうしたらいいのか。定期収入が必要なら、どのようにしてハーフタイムのミッションを追求すればいいのか。これまで述べたことと同じプロセスを踏めばいい。かすかにささやく呼び声に耳を澄ませることである。自己の重心を据え、心の箱に入れるべき「一つのこと」を特定する。スキル、知識、才など、自己が提供できるものの棚卸しに時間をかけることである。自己の熱と他者の必要を一致させる機会を探し出すことである。一円もいらない。ただ耳を傾け、学び、探すだけでいい。

自己が何を求められているのかが確定できたなら、スキルや知識をどの大義に投資できるか。それは何か、どのようにして探し出せるのかなど、前の世代よりも明らかに有利なものを私たちは持っている。

一九七〇年代以前、中年に差しかかった人たちの多くに、あなたが手にする選択肢などなかった。もしあなたが銀行の管理職なら引退するまで勤め続けたであろう。六五歳まで勤め上げたとしても、疲れ果てて孫の顔を見て喜ぶくらいのことしかできないだろう。平均寿命が今よりかなり短かったので、あなたには何か実りあることを行う年月は残されていなかった。ドラッカーが序文で指摘するように、一九二九年当時のアメリカの平均寿命は五〇歳にも満たなかった。今は引退までハーフタイムを追求はできないと感じても、一〇年から二〇年はそれなりに健康で活発な人生が待っている。しかし、引退まで待っていてはいけない。すぐにでも始められる方法をいくつかご紹介しよう。

・経済状況を知っておく

ハーフタイムにはある程度の負担はつきものだが、思うより経済状態は良好かもしれない。多くは中年に差しかかると、経済的必要が低下し始める。住宅ローンは完済もしくはそれに近づいている。子供たちは独立し、食費は減り、洋服や靴店に行く回数も減少し、教育資金として蓄えておく金額も少なくなってくる。賢明にも預貯金や投資信託をしていれば、少なくともささやかな貯蓄があり、後半戦の事業に役立てられるだろう。しかし、大学進学や結婚式、その他予期せぬ緊急事態によって、余剰資金がほとんどない場合もあり、その場合は、ハーフタイムの実行に影響してくる。

知は力なりである。経済状況を把握すれば、それに応じて後半戦の計画を立てられる。

・経済的にできる範囲でのミッションを見出し、始める

ハーフタイムには常にリスクが伴うが、後に説明するように、ハーフタイムの夢を追いかけるあまり、無謀は禁物である。理想を言えば、何をするにしても永続するものでなければならず、それで破産してしまっては元も子もないからである。二五年前、後半戦のプラットフォームであるリーダーシップ・ネットワークを始めたとき、「二人と一台のタイプライター」から始めたものだった。今では五〇名の従業員と、パートナー団体や請負業者のネットワークになっている。私は、ミッションを長く続けていくために十分な資金を確保できるよう配慮する。繰り返しになるが、ハーフタイムはお金の問題ではない。ミッションの問題である。自己のミッションを見出せば、責任をもってやり遂げる方法は見つけられる。お金は良いアイデアについてくる。

たとえば、私の知るある医師は、豊かな収入を得ていたが、ミッションに時間と才を投資するために、もっと少ない金額で暮らせると思った。休暇を犠牲にすることなく、代わりに診察を休んで、開発途上国の人里離れた村に医療を提供することにした。患者を診なければ対価はないので、収入は少なくなる。医療品の購入も自前で賄った。彼の経済状況はわからないが、

生活はあまり変わらなかったのではないかと推測する。上層中産階級に属する彼に多少の犠牲があったとしても、せいぜいのところレクサスをビュイックに買い換えたとか、投資信託の投資額を少し減らしたとか、そういうことだろう。しかし、この医師の後半戦は経済的余力は減りこそすれ意義あるものとなり、彼のおかげで僻地の村全体が健康になった喜びによって報われたことだろう。

中小企業経営者ボブ・リーは、引退間近に後半戦を始め、今では毎年かなりの時間をかけて自転車で全米数千キロを走り、三つの慈善活動のために資金集めにいそしんでいる。かくして、後半戦のミッションは「ライド・フォー・スリー・リーズンズ（三つの理由のための輪行）」と呼ばれた。リーは、後半戦の資金を賄う数百万ドルの蓄えはなかったが、家族にひもじい思いをさせることなく意義を追求するために、資金をうまく管理していた。老後生活に困らないよう何年も前から貯蓄をしていた。しかし、六〇代になると、明らかに引退生活がベストの選択でないと知り、空しさを覚えた。彼は仕事の中で成功を手にしてきたけれど、今では意義を欲していた。

貯蓄と退職金だけでは十分でないことを知ったリーは、「パラレル・キャリア」として、小さな窓ガラス張り替えの仕事を始め、いくらかの収入とともに、自転車旅の自由時間を捻出していた。彼にとって仕事はなければならないが、自転車への情熱のみならず、慈善団体の恩恵をこうむる人への助力からも心の充実を得られる。

・勤務条件の再交渉

腕のいい代替要員は簡単に見つからず、採用・教育コストは高額である。雇用主の多くは経験豊富な労働者の流出に苦労している。価値ある働き手であるならば、後半戦に投資するために雇用主と交渉する、うってつけの機会と言える。雇用主が提示できる選択肢としては、仕事量や週の労働時間を減らす（給与を減らすかどうかは別として）、規定外の休暇を付与する、非営利活動に会社の時間や資源を使うことを認めるサバティカル制度を持つ、などが頭に浮かぶ。デニス・レイノルズは、リーダーシップ・ネットワークの会計責任者としてフルタイムで働いているが、伝説の社会起業家であるティリー・バーギンのもと、ホームレスのためのミッション・アーリントンで働くことができるよう、当社と契約を交わしている。

・自分自身をダウンサイジングする

企業のダウンサイズがもたらす興味深い結果の一つに、職を失った人たちが自ら小商いを始めたり、契約労働者になったりするなど、勤めていたときより豊かになるケースが多いことが挙げられる。マイケル・ウィリアムズもリストラの憂き目に遭ったが、契約社員として元の会社に加え、十数社の企業と取引して、収入は以前より増えたという。「今は、自分の裁量で、自由に時間を用いて、情熱のすべてを傾けるんです」と彼は言う。彼は職を失ったが、家族を養わなければならなかったので、仕事を辞めるわけにはいかなかった。しかし、自由契約で働くことで、会社のスケジュールや方針に縛られることなく、自分の夢を追いかけられるようになった。

・仕事を簡素化する

ライアン・ダニエルズは、大手広告代理店のアカウント・エグゼクティブで、四〇歳になる頃には、週七〇時間労働の高給職に就き、容赦なきストレスのボーナスにもあずかっていた。彼はこんな生活は続けられないというかすかにささやく声を耳にするようになった。しかし、仕事を必要としていた。彼は、ずっと小さな会社に転職し、自身の言葉を借りれば、「軽く流す」ことができ、かつ好待遇を手にできた。彼は週に二〇～三〇時間を手にし、非営利団体で経験不足のマーケティング担当を指導するようになった。ストレスと長時間労働は、見返りにふさわしいものか。そうでないのならば、あなたもまたライアンがしたようにするか、直接、非営利団体に就職し、フルタイムの仕事を後半戦のキャリアとすればよいだろう。

リスクと見返り

週ごとのそれほど高いとは言えない収入に頼る経済状態でハーフタイムに入るのに、リスクがないと言いたいわけではない。私は、私自身がキャリアの大決断を下したとき以上に、あなたにとって恐怖感は拭い去れないであろうことは知っている。しかし、価値あるものにリスクはつきものだ。

生きている人は皆、スイスの著名な深層心理学者カール・ユング（一八七五〜一九六一年。スイスの精神科医、心理学者）が「人生の課題」と呼んだものを、自身の中に埋め込んでいる。ギリシャ人は同じものを「運命」と呼んだ。聖書には、神は私たちが行うべき一連の仕事を「あらかじめ用意されている」とある。私たちがこの固有の天命を実現できなければ、その天命は糾弾する影のように、残りの人生について回る。

それは「英雄の旅」である。ビル・ゲイツやウォーレン・バフェット（一九三〇年〜。アメリカの投資家、経営者、慈善家）だけのために用意されたものでもない。ウェンディ・コップ（一九六七年〜。アメリカの社会事業家。ティーチ・フォー・アメリカ共同創設者）を私は思い出すのだが、彼女はたいしてお金に余裕のなかったプリンストン大学の四年生のとき、わずかな資金で、エリート大学卒業生が卒業後二年間、荒廃した都心の学校で教鞭をとる「ティーチ・フォー・アメリカ」を設立した。これまで一万七〇〇〇人以上の優秀な学生が彼女の指導に従い、希望学生の膨大な待機者リストまでできてしまった。

「人はパンのみにて生くるにあらず」とは誰もが耳にしたことがあるだろう。経済状態にかかわらず、中年期に差しかかると、現在の仕事がどこか据わりの悪いものに感じはじめる。そのなんとなくそわそわした感じをなかったことにしないでほしい。というのは、それらは本来あるべき姿への魂の叫びだからである。しかし、そのかすかにささやく声に対してあなたの言い訳をもって耳をふさぐことはできるが、声を通り過ぎさせてしまう最たるものはお金なのだ。意義あるものへの呼びかけに従うことで得られる豊かさは、ハーフタイムの夢を追求するならば、いかなる経済的損失をも凌駕することになるだろう。

第22章　五〇／五〇の比率

後半戦はどちらの側にいたいか

冒頭で私の「一〇〇X」の墓碑銘を示した。天の父が私に蒔いた種を大きく増やした者として記憶されたいとの願いを私は込めた。

本書を閉じるにあたり、もう一つの公式「五〇／五〇」を紹介させてほしい。これから後半戦に向かうあらゆる方々に向けた私の夢を表現する。

数年前のことになるが、ユダヤ人弁護士サンディ・クレスとクリスチャン実業家ドン・ウィリアムズは、ダラスの公立学校制度の改善を志し、知恵を絞っていた。学校側は、テストの点数や採用方法などテクニカルな面に取り組み、ある程度の改善は見られていた。しかし、欠けていたパズルのピースは、道徳や価値観についてのものだった。私もまた、サンディとドンによって選ばれた、多文化グループのメンバーとして、この難題に取り組んだ。最終的に、私たちは六つの視点に焦点を当てた。その一つが「五〇／五〇教会」というものだった。

五〇／五〇教会の基本的な考え方は、ダラスの教会が資源の五〇％を自己に、五〇％を地域と世界への奉仕に当てるというものだった。あまりに単純に聞こえるかもしれない。しかし、個人と教会からすると、過激とさえ言えるものだった。

ほとんどの教会では、自分たちの活動以外に時間、才、労力、資金の一〇分の一を費やすことさえ、分を超えた行動に感じていた。すべての教会が「五〇／五〇」を採用したら、地域社会に何が起こるか、ちょっと想像してみてほしい。時間と資源の半分を自己と家族のために用い、残りの半分を他者に用いたらどうなるか。同じく、少し想像してみていただきたい。

後半戦が前半戦と異なる変化の一つは、前半戦ではばらばらだった信仰の人生が、後半戦では一貫したものになる点にある。後半戦の生活では、利他的エゴイズムの原則が真実であることをあなたは知ることになるだろう。すなわち、他者に善き行いをなすことが、自己にとっても同じく善き行いであることを知るだろう。人生は、福音をバランスよく実践するものとなり、キリストの中の生命は失われるのでなく、かえって増し加えられる。空っぽになるのではなく満たされる。その事実を、愛らしく、魅力的で、喜びをもって証するものとなるだろう。また、あなたにとって、自己と他者の境は見定めがたくなるはずである。なぜなら、意義が成功の観念を覆い隠すためである。人生のいくつもの管理に汲々とする代わりに、自分自身であること、そのものもたらすすべてのことに大きな喜びを感じるだろう。

次の相対立する価値と態度のリスト（図表9）を見て、「人生の後半戦はどちらの側にいたい

図表9　相対立する価値と態度

ばらばらの人生	一貫した人生
個人、個としての信仰	生活の一部としての奉仕
教条的	逆説的
何を信じるか	信じることのために何をするか
信仰とはあきらめること	信仰は増し加え、豊かに、全体に
我／彼	我ら
私たちを分けているもの	私たちを結び付けるもの
我／彼……	我ら……
個人スポーツ	チーム・スポーツ
自立	相互依存
法規	恵み
義務	個人の選択
外部へのアプローチ	内部へのアプローチ
見た目重視	「何を考えるかが、その人自身だ」
権威主義的リーダーシップ	サーバント・リーダーシップ
日曜日のキリスト教信仰	週7日のキリスト教信仰
原理主導	目的主導

か」と自分に問いかけてみていただきたい。

新しい夢を見る

五〇／五〇教会は、これらの新しい価値観を受け入れ、思想を無理に押し付けるのではなく、福音の宣教を実践し、周囲のコミュニティに役立とうとする信徒各人で成り立っている。それは実例を通して、次に宣教によって証明される。五〇／五〇教会は、日曜朝の数時間しか続かない現実離れしていてかつ隠遁的環境へと人を隔離するものではなく、コミュニティのあらゆる矛盾、緊張、葛藤の中へと引き戻す信仰の運び手となる。

教会には世界ともっとうまく相互作用することが必要だと言い始めたのは何も私が最初ではない。信者は皆、このことをとことんまで考え抜き、福音が私たちの文化変革に資することを心から望んでいる。では、なぜそうならないのか。

答えは個人の責任にある。教会は、明確な個人の責任観念なしに、地域社会全体から信頼されることはない。人々は信仰について聞くのみならず、その目で見なければならない。私たちの信仰が私的で個人的なものとなり、週一の堂内の出来事にとどまるのなら、私たちキリスト者は地の塩・世の光となる絶好の機会を逸してしまう。さらに悪いことに、信仰が内にしか向かわないならば、私たちは偏り、面白みを欠く、完全に自己中心的な人間になってしまう。私たちには、仕事、家庭、地域社会、教会での生活がある。そのようにばらばらになってしまった場合、各領域は、得べかりし強靭さを失う。

後半戦とどう関係してくるのか。前半戦の悲劇は、利己的であることがかえって奨励されている点にあるだろう。誰だって心の底では家族より仕事を大事にしたいとは思わない。でも、現実にはからめとられてしまう。何とかして成功したいという突き上げる思いは抗するにあまりにも強力である。人生の第三の一〇年間は、実にぼんやりとしたもので、中心となる課題や意義に通じる価値を腰を据えて考える時間はほとんどない。避けられないことなのかどうか私にもわからないが、頻繁に起こるのは確かであるし、ほとんどの場合、疑念と自己不信にまみれた一時期となる。「これがすべてなのか」と私たちはそう思う。「残りの人生、本当になしとげたいのはこれなのか」

やがて前半戦は終わる。時間切れだ。それが不意に起こるなら、つまり、ハーフタイムに入る責任を負おうともせず、さらに良き後半戦のために人生を再整理することがないなら、引退まで惰性で過ごす一群の仲間入りである。後半戦は前半戦の緩やかな焼き直しとなり、成功はどんどん少なくなり、意義はもっとなくなる。しかし、残りの試合のプレーに責任を持つなら、あなたにとって神がそう願う豊かな人生を始めることになる。

アメリカのキリスト教界を見渡したとき、私には解放を待ち望む巨大なエネルギーの貯蔵庫が見える。文化を変革しうるのに十分な才、創造性、思いやり、資金、力を私は目にする。社会のあらゆるところにいる真心の信仰者たちが、地域社会を心から案じているのに、変革する上では無力感にさいなまれているのがわかる。

私の人生のミッションは、アメリカのキリスト教に潜在する力を何とかしていきいきした現実の力に変換することであるが、不可能に思えようとも、私は真の後半戦を走る者として不可能とは考えない。私は教会に眠る巨大な力を解き放つ役を果たせると包み隠さずに信じているが、それでも私一人では何もできないこともわかっている。

ある時、私は自分を顧みて、「これではまるで放火魔ではないか」と一人ほくそ笑んだものだった。すなわち、人の心に火をつけては、やがてそれが燃え盛るのをじっと見ているのにえもいわれぬ喜びを覚えるからだ。だが、もちろんその喩えは必ずしも正確とは言えない。私は完全にただじっと見ていることのみを好むわけではない。それでも、私は人の心に火をつけるのが好きであることは間違いない。あなたの中にも点火できたことを願っている。というのも、私はあらゆるキリスト者の心中に火種が輝いていると信じるからだ。

またあなた自身が、心の火種を感じて、その火種にどこか居心地の悪さを感じるくらいにまでなってくれたらと願う。

あなたが後半戦を思うとき、心の奥底から微風が吹き始め、それがどんな炎になるのか、その目で見ることを願っている。

着火されるや、それが心に震えと熱をもたらし、そうして若さを取り戻して、新しい夢を見られるとよい。

そして炎が広がり、もはやその火を覆い消すことはできず、ただの善意としてだけではなく、ハリケーンのような力強い約束となることを願っている。

それが私が目にしてきたアメリカの教会の聖堂、日曜学校の教室、聖書研究会などで感じられてきた力である。私が知ることになった力はあなたの中にもある。

私は、教会を変革する鍵は個の責任との結論に至った。私は、意義ある何かに自己を位置付けるのに有効で可能性あるプログラムを記述することはできるのだが、最終的にどう生きたいかを選択するのはあなた自身である。残りの人生を最高のものにしたいのかどうか、決める自由があなたにはある。

神があなたの中に置いた夢を生きる勇気を持つこと、これが私の祈りである。

では、後半戦を終えたところでまたお目にかかりましょう。

ハーフタイムのQ＆A

ハーフタイムの問い合わせがない日はほとんどない。以下は、頻繁に寄せられる問いの一部である。これらをもとに『ビヨンド・ハーフタイム』も出ているので併せて参照してほしい。

Q あなたの言う後半戦を持つためには、私は今の仕事を辞めなければならないのでしょうか？

いいえ。でも、働き方を見直す必要はあるかもしれませんね。たとえば、前半戦の会社に残っている方の多くは、勤務時間を半分か四分の三の時間にするよう会社と交渉しています。今の仕事は嫌いではないし、収入も必要だけれど、さらに意義あることに自己投資したいと考える人もいます。多くの雇用主は、従業員の地域社会への貢献のための休暇や副業を、ますます寛大に認めるようになってきています。

Q 後半戦の成功を勝ちうるために、富裕である必要はあったのでしょうか？

そんなことはありません。大金持ちではなくても、成功から意義へのシフトを果たした人たちを私はたくさん見てきました。タラントの喩え（マタイ二五章一四〜三〇節）を思い出してみてほしいのですが、三人のしもべがそれぞれの能力に応じて、課題を与えられたのでした。二タラント（タラントは通貨名）を増やしたしもべは、五タラントを増やしたしもべと同じようにほめられたのでした。この地上での時間を終えるとき、持っていたものではなく、持つもので何をなしとげたかによって裁かれます。後半戦のために現在の仕事を辞められる人などほとんどおりませんが、教師、弁護士、中間管理職、営業職の多くは、仕事自体の調整で、経済的にゆとりある人と同じように、後半戦をいきいきと世に役立てられます。

Q 私は五〇代後半です。ハーフタイムに入るには遅過ぎますか？

活動の重心を「前へ前へ」から他者への貢献にシフトさせるのに、遅過ぎることはありません。六〇代で変化を決意し、後半戦二〇年の意義をひしひしと実感する人たちを私は知っています。ほとんどの人は、いつかやろうと思っていますから、うっかり後半戦を逃してしまうのです。「いつか」とは、今すぐか、二度とないかのどちらかです。平均寿命が延び、引退年齢が低くなった現在、新たなハーフタイム実践者の大半は引退者かもしれません。

Q ハーフタイムは男性だけのものなのでしょうか？

いい質問ですね。まさに私がこの本の初版を書いた頃から心に懸かっていたことでした。当初、このコンセプトは女性よりも男性に響いたと思っているのですが、労働力人口は劇的に変化しています。この二〇年で、ハーフタイムは男性にも女性にも同じように響くことがわかっています。それまでは家に入った女性も、就職か復帰かは別としても、職場に戻ってみて、自己が人生のかけがえのない節目にさしかかっていることを知ることができます。ハーフタイムは、性別と無関係です。それは人生の現実なのです。

Q 私は引退が待ち遠しくなってきたところです。これまでさんざん働いてきた後に、悠々自適の生活をするのがなぜいけないのでしょうか?

もちろん何も悪いことはありませんよ。二五年、三〇年とキャリアを積んできた人なら、確かに休息は必要に違いありません。しかし、二年以内に飽き飽きすることだけは保証いたします。いきなりディスカウントストアの挨拶係になるより、これまでの仕事で培ったありったけを用いて、人の役に立つ道を探すことをお勧めします。休息の時をハーフタイムのために用いて、「一つのこと」を見つけ、それを軸にミッションを実現してみるとよいのではないでしょうか。

Q ハーフタイムの前には、必ず挫折が訪れるのでしょうか。

常にというわけではありませんが、私たちの意識を占領し、何が本当に大切なのかを考えさせられる人生の一大事はしばしば起こります。私の場合、息子を亡くしていなければ、いまだハーフタイムを迎えていなかったと思います。息子の死は、すでに始まっていたプロセスを加速させた可能性が高いと思います。多くの人は、五〇歳になるまでに、離婚や死別、失業、心疾患など、水面下で少なくとも一回はかなり大きな打撃を受けています。しかし、そのようなことがなくても、四〇年以上生きる人が、自己の人生を改めて見つめるのは自然なことです。

Q 後半戦の冒険を始めたものの、うまくいかなかったり、向いていないことがはっきりしたりしたらどうすればよいでしょうか。方向転換は可能なものでしょうか。

もちろんです。実際、正確にはうまくいかない「フライング（失敗スタート）」が一度や二度はあるかもしれないですね。後半戦の魅力は、正しい意味で主導権を握れることです。ただし、心にとめておいていただきたいのですが、プロジェクトは変わっても、ミッションは不変であるべきです。ハーフタイムが「私は何のためにここにいるのか」との問いに答えるのに十分な時間をとることが重要なのです。

Q あなたは貢献欲求が人一倍強い方のようにお見受けします。私はそんな風には考えておりません。後半戦のことを考えると、自分のために何かしたいと思うのです。わがままでしょうか。

そんなことはないと思います。自分のために何かをすることと、人のために何かをすることは、対極にあるものではないと思います。「利他的エゴイズム」の要諦は、誰かを助けると、それ以上に自己が助けられることです。逆もまた真です。自分のことばかりを考えていると、どこか据わりが悪く、満たされません。「自分は何をしたいのか」「何をしたら真に幸せなのか」を考えることから始めてはいかがでしょうか。その後で誰かの役に立つ道を探してみていただきたいのです。たとえば、スポーツがお好きならば、炊き出しに奉仕するよりも、スラム街のリトルリーグのコーチになるほうが意義を見出せるでしょう。神は目的あって、あなたをそのように造られたのですから。

Q　私はすでに、他者のためのことに忙しくしています。教会役員や学校理事を務め、日曜学校で教え、地域の食料配給所でボランティアもしています。いずれの活動も、人を失望させずに一つに絞るのは考えられないのです。

まず、人を失望させるという心配で人生が縛られてはならないと私は思います。しかし、私が学んださささやかな真実の一つは「私はなくてはならない存在ではない」ということです。役員を退任した後、あなたと同じかそれ以上の仕事をする人が必ず現れます。第二に、自己の課題に集中するだけの時間があれば、より良き仕事ができるようになります。

Q ハーフタイムはキリスト教徒や宗教的な信仰を持っている人たちだけのものなのでしょうか。

いいえ、違います。誰でも自己の技術や知識を人のために用いることで、意義を実感できます。私のミッションは、メガチャーチの潜在エネルギーを解放することなのですが、キリスト教とは無関係に、恵まれない国での起業家育成支援に自分の後半戦を投じることも同じくらい容易であったと思います。第5章で述べた「心の箱の中には何があるか」との問いに立ち戻っていきます。人生の動力源を見定められるならば、そこから後半戦のミッションを見出すことができるでしょう。

さらなる思索へのいざない

序

（1）人生の途中で終焉を考えたがる人はいないものだが、あえてそうすることで生き方に根源的な力を得られる。だから、人生の終わりを考える時間をわずかでいいのでとっていただきたい。他者からどんな人だったと記憶されたいか。何を遺産として残したいか。

（2）前半戦を振り返ってみていただきたい。次の中で、時間と糧を費やした順に並べてみてほしい。教育、出世、家族、財産（家、車、趣味など）。

（3）時間がどんどん過ぎていくのを知りながらも、いまだ時間がなくてなしとげられずにいることを考えたことはあるか。どのようなもので着手が阻まれたのか。

1

（1）現在の人生に思いをはせるとき、心に思い浮かぶ形容詞や文句は何か（例：わくわく、情熱、マンネリ、倦怠など）。

（2）1章で挙げた図を見てほしい。あなたは何塁にいるか。どのくらいいるか。一～一〇で言うと（一が低く、一〇が高い）、あなたを進塁に駆り立てる原動力はどうか。

（3）あなたの行動は信仰からどう影響を受けているか。主として信仰を理由に手を付けなかったこと、あるいは反対に行うことはないか。そのことについて、変えたいこと、思うことはないか。もしあるならば、それは何か。

（4）前半戦の大成功談を一つか二つほど挙げてみてほしい。どのような観点からあなたにとってしっくりくる成功だったのか。

（5）家族のほかに、熱心に取り組んできたことは何か（例：環境、養子縁組、教育、貧困）。どうすれば、自ら心燃やしたものをさらにくっきりしたものにできるか。

（6）もし今から二年後、心から意にかなう後半戦の人生を送っているとしたなら、何をもってそうだと判断できるか。

ハーフタイムの宿題①——自分の物語を読み解く

前半戦になしとげたことがどのように残された物語を形作るかを知ることが力となる。前半戦はそれ自体が良き後半戦の備えにほかならないためである。以下の問いを振り返ってみていただきたい。

・これまでの物語が一冊の本として出版されるとしたら、タイトルはどのようなものか。
・物語が映画になったとしたら、誰が役を演じるか。理由は何か。
・物語のテーマが、それまでになしとげた大きな成功であるなら、それは何か。なぜなしとげることができたか。
・物語が叙事詩だとしたら、どのような崇高な理念を守ろうとしたか。何に突き動かされて偉業をなしとげられたのか。
・物語の中で、挫折によってかえって最も良い点が引き出された場面を描写していただきたい。結果、どのような自己の特性や資質が明らかになったか。
・他にどのような挫折に直面し、そこから何を学んだか。
・物語の中で、未来の展開を予期させる出来事は何だったか。人生の後半では、物語のどのシーンをカットしたいか。どのシーンを挿入したいか。やり残したことは何か。
・現在のところ、物語になくてはならない人は誰であり、その人はこれからの物語でどのような役を演じるか。

現在、あなたはどのようにして、前半戦を後半戦の跳躍台としうるかについて思いを巡らせたのだから、物語の後半をどう読ませたいか、いくつか大事な点を箇条書きにしてみよう。ポイントを見定めるこつは、「私が意欲を失ってしまう前に、自己の人生を用いて何をなしとげておきたいか」を自問することだ。

以下は、跳躍の例である。

(後半戦の間になしとげたいこと)

- 五〇歳までに、有給の仕事を週二四時間以内に抑えられるよう仕事へのコミットメントを漸減させるべく会社と協議する。
- ハーフタイムの夢と後半戦を相談できる三名の信頼できるアドバイザー・チームをつくる。
- 共感できる非営利団体リーダーの一〇人に自己紹介状を送り、昼食を共にして、それぞれの組織で自己の役割があるかを聞く。
- ソフト・ハードを供給してくれる人とパートナーシップを築く。
- 資金を調達する。
- 海外宣教師対象の無償研修プログラムをコンピュータ上で提供する。
- もう一つの国、あるいは町に「夢の旅」に出る。

この箇条書きを「カンペ」として、後半部分の物語をボイスレコーダーに録音して話してみていただきたい。再生して、この物語をどうすれば後半戦につなげられるかを考え始めていただきたい。

2

（1）高校生だった頃、どんな大人になりたいと夢見ていたか。それは今の姿か。そうでないなら、何がきっかけで変わってしまったのか。
（2）今の仕事に適しているのは、どんな才や特技か。
（3）仕事以外に、賜物や才をどのように使えば、神や人にもっと役立てるか。
（4）人生の大きな転換点は何だったか。何によって仕事人生は形成されてきたのか。家庭生活、社会生活、精神生活ではどうか。
（5）現在、どのような意味で人生の転換点にいるのか。どのような影響や出来事が、あなたに新しい方向性や変化が必要と思わせているのか。

3

（1）筆者は、「企業も人間と同じように、良き成長を遂げるためには定期的に力点を変えなければならない」と書いている。あなた自身は、この一〇年間、どのように変えてきたか。

（2）筆者は、心に引っかかる疑問を書いている。「これだけ得たなら、何を失うのだろう」。あなた自身の仕事でならどう答えられるか。仕事の成功を手に入れたことで、何を失ったか。

（3）ある週のうち、時間とエネルギーの何％が仕事に割かれているか。家族はどうか。教会や信仰の共同体はどうか。地域コミュニティはどうか。

（4）今後二～五年の間に配分を変えられるとしたら、どのように変えたいか。それはなぜか。

（5）さらに大きな視点から、人生でぜひともなしとげたいことを三～五つ挙げてみていただきたい。確実になしとげるために、どのようなことが必要かを想像してみていただきたい（六五～六六ページの筆者自身のリストを参照されたい）。

4

（1）冒頭で、筆者は四四歳のときに人生に忍び寄る侵入者「サクセス・パニック」を語っている。「どのくらいの資金があれば十分なのだろう」という問いが頭に浮かぶ次元に到達したことはないか。それはいつのことで、その問いに対するあなたの考えはどのようなものだったか。

（2）今までの仕事を離れて、まったく違うことをしようと思ったことはあるか。もしあるのだとしたら、その考えに至ったきっかけは何か。

（3）自分の仕事のどんなところに喜びを感じているか。また、どの点が頭痛やストレスの種になっているか。どちらが気になるか。

（4）現在の仕事で、追い立てられていると感じるか。あるいは、天命と感じるか。説明していただきたい。

（5）紙に線を引いて、曲線を描いてみてほしい。一端には「成功」と書き、もう一端には「意義」と書いていただきたい。あなたがこの曲線のどの地点にいるのかを記し、今日の日付をメモしておいていただきたい。今いる場に満たされているか。もしそうであるなら、あるいはそうでないなら、理由は何か。

5

（1）前半戦で抱いた「夢」のうち、何より志惹かれているものは何か。新たな夢は現れているか。

（2）長けていることを二〜三挙げていただきたい（例：統計分析、人材管理、システム創造等）。それら固有の力をもっとよく知るためには、どんなステップを踏めばよいか。

（3）強みは、ハーフタイムにどう組み込めるか。

（4）仕事は、どの点で夢ひいては残すべき遺産と一致する可能性があるか。あるいはどの点で障害になりうるか。

（5）情熱を注ぐ一つのことに、時間とエネルギーの八〇％を集中させるとしたら、人生はどのように変わらなければならないか。

（6）筆者はこう書いている。「それは与えることで受け、弱さの中で強くなり、死ぬことでより豊かな人生に生まれ変わる。この古い格言と同様に、逆説的な論理である」。キリストに心から従うことの逆説を、どのような形で潜り抜けてきたか。

6

（1）人生で、どうにもならなかった経験はなかったか。あなたにとって「コンフォート・ゾーンから振り落とされた」出来事はなかったか。
（2）その経験をする中で、自己について何を学んだか。あるいは神について何を学んだか。
（3）筆者は、「空虚で壊れやすく、私はどん底と同時に恵みも感じた」と言う。あなたにはこの思いが理解できるか。人生で同じように感じたことはなかったか。
（4）この章では、筆者はクエーカー教徒の簡便な祈りを説明し、まず手のひらを上に向けて祈り、神から受け取ったすべてを視覚化し、次に手のひらを下に向けて祈り、心配事を神の御手にゆだねることを視覚化する。神から何をいただき、どんな心配事を委ねたいか。
（5）「永遠の視点」（「ローマ人への手紙」八：二八）は何か、日常生活でどのように働いているか。永遠の命という希望は、「今ここ」での生き方にどう影響を与えているか。

7

（1）後半戦の課題にあたって、人生の「大局」を振り返る時間をどれだけ確保できたか（週何時間を確保できたか思い出してほしい）。もっと多くの時間を持てたらと願わなかったろうか。そうだとしたら、なぜか。

（2）ここで大胆な一歩を踏み出す。カレンダーを取り出し、今後二週間、一日三〇分ずつ、人生の方向性や生み出したい変化に思いを巡らせる時間を作っていただきたい。最後の三〇分には、「思いを沈める時間」から生まれた大切な二、三のことは何かを自問のメモとして記してほしい。

（3）筆者は、自分を責めるのではなく、学びとして私たちの悔いを受け入れるべきことを述べている。あなたにはどのような悔いがあるか。また、そこから何を学び、未来に生かすことができるか。

ハーフタイムの宿題②——強みを知る

棚卸しでかけがえのないことは、現在の自己のスキルを適切に評価することである。振り返りの時間を使って、以下の項目を記入し、親しい友人数人に自己の強みを聞いてみよう。

図表10　自己の棚卸し

強み／高充足	弱み／高充足
・新たな才の開発 ・相談を受ける ・メンタリング	・長期計画を立案 ・処方する ・想像する
強み／低充足	**弱み／低充足**
・1億ドルの予算管理 ・分析 ・定式化	・下位スタッフの管理 ・指示

現在の仕事／役職／役割
主たる責任分野
必要な能力（九五〜九六ページのリスト参照）

主たる責任分野に関して、それぞれのものを当てはめてみよう。必要な能力にも同様のことを行ってみよう。

この宿題の目的は、肉体的・精神的エネルギーに高い見返りをもたらしてくれるところに集中することである。理想的には、後半戦は、左上の欄にほとんどの時間を費やしていることだろう（図表10）。

8

（1）筆者は、神を理解することと神を知ることについて書いている。違いは何か。どちらが大切と考えるか。また理由は何か。

（2）あなたと神の関係を、できるだけ包み隠さずに書いていただきたい。神について何を知っているか。神をどの程度知っているか。神について疑問に思うことは何か。もっとよく知るために何をなすか。

（3）信仰と残された人生との折り合いをつけるに際して、どの程度心の充実を得ているか。信仰が残された人生とさらに一つのものとなるのを妨げている要因は何か。

（4）信仰と職業をつなげる方法は何か。信仰と結婚ではどうか。信仰と家族ではどうか。信仰と地域社会ではどうか。信仰と奉仕ではどうか。

（5）ハーフタイムはキリスト教固有の現象ではない。だが、私たちがその意義を考えるとき、しばしば霊的な問いへの答えを要求する。この世に永続的な影響を与えたいと思うとき、どのような霊的問いに答えなければならないか。

9

（1）筆者は、前半戦のほとんどの人は、物質主義（稼ぎ、使い、手に入れる）、競争主義（勝つ、大きなことをなしとげる）、あるいは人間関係によって人生の空白を埋めようとすると述べている。このうち、後半戦の焦点を探るにあたり、あなたに混乱をもたらす可能性が高いのはどれか。

（2）今行っていることで、気に入っていること、満たされていること、無給でも行いたいことは何か。なぜそこまで心躍るのか。

（3）自分の夢や願望ではなく、他者のものを追い求めて生きてきただろうか。過去の経験から二、三の事例を挙げてほしい。

（4）「心の箱」に入れるべきもので、人生で心から信じられるものは何か。

（5）先週のカレンダーを見返してみてほしい。情熱や意義に添う会合の割合はどのくらいだったか。あなた自身の人生を、情熱と意義に一致させることは可能と感じているか。イエスかノーの理由を考えてみてほしい。

ハーフタイムの宿題③——心の箱の中には何が入っているか

次のリストに目を通し、リストアップされた人、もの、活動を世話したり発展させたりするために、犠牲にしたものを少なくとも一つ書き出してほしい。

配偶者
子供
仕事
健康
趣味または好きなもの

家
休暇
教育
車
スポーツ・運動
地域奉仕
政治
教会
信仰
依存症
その他

このリストを見返して、あなたにとってかけがえのない分野を二つか三つ選んでみてほしい。手放したくないと思うものはどれか。

家族、信仰、仕事、おおよそ三つに絞られたのではないか。しかし、あなたが何に忠誠を誓っているかを率直に把握するために、私は仕事を掘り下げて考えてみることをお勧めしたい。仕事について、具体的にどの動機付けがあるのか。私の場合、ケーブルテレビ会社の経営が好きだったわけではない。あくまでも事業が発展するようにマネジメントするのが好きで、成功

図表11　1つのことを確立する

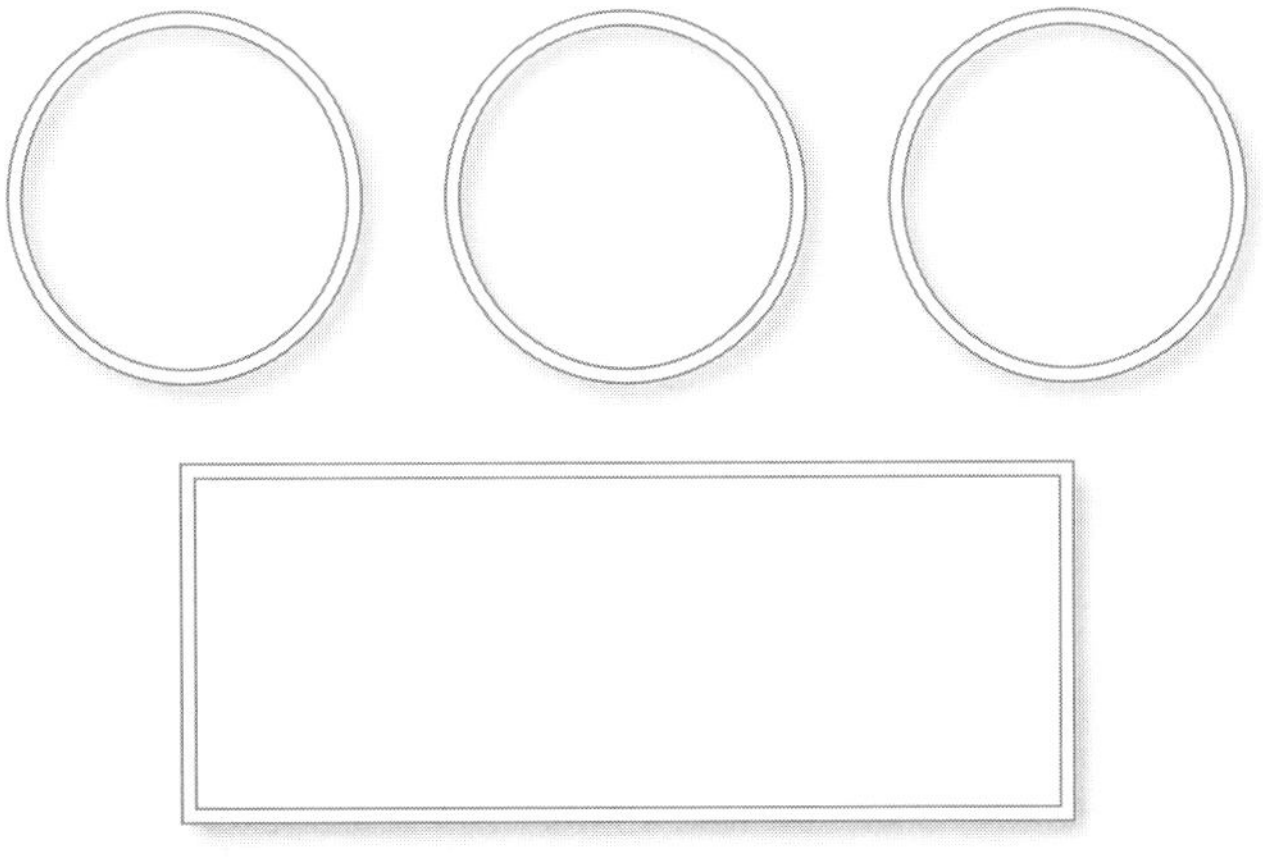

の尺度は会社の最終利益だった。心の箱を争っているものの一つはお金だった。

　心を懸けるものを二つか三つに絞ることで、あなたに優先順位が見えてくるが、後半戦のゲームプランとしては十分とは言えない。結局、どれか一つを選ばなければ、後半戦は前半戦の繰り返しになってしまう。「一つのこと」を確立していないために、他に影響されやすくなってしまうからだ。あなたが挙げた三つについて、それぞれ上の円に入れてみてほしい。

　ゴールは、一つを選び、心の箱の中（図表11の中の四角）に入れることだが、今すぐには行わないでいただきたい。時間をかけて、配偶者、信頼できる友人一人か二人とともに行っていただきたい。一人で祈り、瞑想し、かすかにささやく声に耳を傾けてみていただきたい。

10

（1）これまでの仕事で、成功をどう評価するか。一から一〇までの数字で、一〇が大成功とすると、自己をどう評価するか。

（2）人生で、成功だけで満たされないと感じたきっかけは何だったか。

（3）成功と意義の違いをどう定義するか。

（4）筆者は「個人の神話世界の棚卸し」と述べている。あなたの神話は何であり、可能ならどのように再整理するか。

（5）意義ありとするものをはっきりさせるために、理想的な仕事、市場や聖職、非営利団体など、強みを十分に発揮して人のためになる仕事を考えてみよう。

11

（1）前半戦の仕事の多くは、不安と倦怠の間で費やされるとの筆者の意見にあなたは賛成か。その理由、あるいはそうでない理由は何か。あなたにも当てはまるか。

（2）11章にある七つの葛藤を見直していただきたい。あなたは両極の間にいると感じることがあるか。どんなふうだったか。例を挙げていただきたい。

（3）筆者は「ゾーン」について述べており、時間と空間の中で、勝ち負け、自然と超自然、人間と精神の緊張が、ほんの一瞬でも宙に浮く瞬間である。あなたはゾーンに入ったことがあるか。それはどんなものだったか。その理由は何か。この緊張で、どう学び、どう成長していくか。

（4）適性はないが、成功しそうな仕事を引き受けたことがあなたにはあるか。結果はどうだったか。なしとげたとき、どのように感じたか。

（5）聖書では、イエスは砂漠で三つの誘惑を受けたとされている。

・物質への誘惑（石をパンに変えなさい）
・名声への誘惑（自己を傷つけずに神殿の頂上から飛び降りなさい）
・権力への誘惑（この世の王国を支配しなさい）

私たちは皆、これらの力に直面する。この三つのうち、どれがあなたを何より惹きつけるか。それはなぜか。この誘惑に抵抗するために、役に立ったことは何か。

12

（1）ハーフタイムにあっても、ほとんどの人は仕事から離れることができない。だから、後半戦の可能性を検討し始めたら、資金調達について時間を費やしたい。あなたは仕事を辞めて、貯金を切り崩して生活することは可能か。今の仕事を続けなければならないか。現在の雇用主との関係で、交渉することは可能か。非営利団体での有給職はどうか。現状にとって最善の選択肢は何か。

（2）仕事への向き合い方はどうか。「この仕事が大好きだから、たとえ給料がなくてもやる」というものから、「いくらお金をもらっても、この仕事には我慢できない」というものまで、実にさまざまだ。両極を示す線を紙に引いてみていただきたい。仕事への向き合い方がどのあたりか示す×印を付けていただきたい。

（3）ハーフタイムに直面して、筆者の言う「人工地震探査」とはどんな意味か。また、あなたは人工地震探査をどのように行うか。具体的に教えていただきたい。

（4）会社を売却したり、仕事人生から逃避したりすることなく、人生に意義を吹き込むために、どの方法で仕事に「余白」を作れるか。

（5）多くのハーフタイムにいる人は、わずかな再調整で、現在の仕事が意義のための拠点たりうることに気づく。仕事でできる具体的なことで天命やミッションと呼べるものは何か。

（6）後半戦のミッションを追求する時間と自由を得るために、収入を二〇％減らしてもいいか。その可否についての理由は何か。現在の仕事で、それはどう実現可能か。別の仕事ならばどうか。

13

（1）シグモイド・カーブで、自身がいると思うところに印をつけていただきたい。第一のカーブの上り坂にいるのなら、第二のカーブを始めるのにどうステップを踏めばよいか。下り坂にいるのなら、活力、視野、勢いを取り戻すのにできることは何か。

（2）第二のカーブを速やかに立ち上げるのが賢明であるくらいのことは誰でも知っている。けれども、たやすいことではない。最初のステップは、後半戦のミッションへの着手を阻む不確定要因を、二つか三つ特定することである。

（3）それらの不確定要因の恐怖を克服するには何ができるか。

（4）筆者は、多くの人が新たな何かに着手する前に、現在のプロジェクトや仕事が終わるまで待ってしまうと指摘する。現実的に考えて、今行っている活動はいつ終わるのか。着手にあたって、そこまで待つつもりか。待つメリットは、今始める不確実性のリスクをどの程度上回るか。

（5）以前にも増して、人々は早期引退するようになっている。引退は後半戦にどう影響を与えるか。次のドラッカーの危惧を避けるにはどうしたらいいのか。「引退者が、かつて私たちが考えていたボランティア活動の豊かな源とは証明されていない。彼らは時にエンジンを切ってしまい、やがて精彩を欠いてしまう」。次の一〇年以内に「パラレル・キャリア」に乗り出すには、人生に何が起こるべきなのか。パラレル・キャリアに関心を抱いている場合、必要なステップとそれぞれを完了する日付を書き出してみていただきたい。

14

（1）前半戦は通常、獲得一辺倒ながら、時に喪失もある。後半戦は解き放つことと廃棄に重点が置かれ、方向転換は楽である。後半戦へのシフトにあたり、解き放ち、廃棄すべき三〜五をリストアップしよう。その結果、獲得一辺倒の人生がどう変わるか。

（2）今日まで、後半戦に何をしたいのか思いがあるはずである。ごく普通の言い回しでかまわないので、思いつく限りリストアップしていただきたい（例：スラム街の子供たちと識字率向上に関わる活動をしたい、非営利団体で運営スキルを生かす方法を見つけたい、海外旅行に関わることをしたい、教会に資金援助する財団を作りたいなど）。

（3）もう一度、リストを見直してみていただきたい。それぞれのアイデアを用いてどのような探求を行いたいかを一つ記し、それを完了したい日付を記していただきたい。

（4）週末に配偶者と時間をともにして、後半戦についてざっくばらんに話してみてほしい。配偶者の夢と、実現のために助力できることを尋ねることから始めていただきたい。リストをともに眺めて、何が自分に合っているのか、配偶者の意見に耳を傾けてほしい。

（5）後半戦の夢を追うとき、周りの人と分かち合い、意見を集めることが大切である。あなたは、友人、会社、牧師、子供など、いつ、誰と夢を分かち合うか。

15

（1）会社のミッション・ステートメントは何か。役割を果たす上で、どうあなたを導いているか。リーダーは、それを組織全体に浸透させるために、どれくらいの時間を割いているか。

（2）ミッションは、組織のみならず個人にとってもかけがえのない重心となる。強み、情熱、信念、価値観について知るところにもとづき、人生のミッションを考えるとき、どんな言葉やコンセプトが思い浮かぶか。

（3）筆者は人生の約束について多くを述べている。あなたの人生の約束は何か。このリストをアイデアの触媒として用いて、七つの異なる分野を挙げてみていただきたい。

（4）筆者は、ミッション・ステートメントが自身を解放したと言う。人格、信念、意義、夢で、解放されたいものは何か。

（5）神があなたに準備した固有の役割を発見するために、ドラッカーは二つの基本的な問いを提供した。一つはあなたは何をなしとげたか。もう一つは、あなたは何を大切にしているか。それぞれの問いにあなたはどう答えるか。

ハーフタイムの宿題④――個人のミッション・ステートメントを書いてみよう

ミッション・ステートメントを書き上げるのに、以下の問いに答えていただきたい（前章での振り返りと議論の問いに戻って考えてみるとよい）。

①私は何を信じているか。
②私は何が飛び抜けてうまくできるか。
③私の胸を熱くしてやまぬものは何か。
④私が役に立ちたいものとして、世のニーズに何があるか。私がパーティに持ち込むことで、他の人に役立てるものは何か。
⑤前半戦を通して、私がずっと気になってきた「すべきであったこと」は何か。
⑥私の物語と神の大きな物語はどうつながるか。
⑦私は自己の力でどんな変化を起こしたいと望むか。

白紙に、ミッションを一〇〇語程度で書きとめてみていただきたい。書き終えたら、次の問いとともに批評してみていただきたい。

1. シンプルか。

2. 心の箱の中にあるものか。

3. 十分に大きいか。結果を私が生み出せるとしたら、そのために生きる価値があるか。

4. 行動を促しているか。

5. 人生の深部に存する情熱を表現するか。

6. 分かち合えるものか。

7. 真の自己に真摯か。

さて、時間をかけて、一行もしくは二行程度、Tシャツに収まる程度の文言に凝縮してみていただきたい。

16

(1) なすべきことが多過ぎると感じることはあるか。あなたの人生は、どのような点で、至高の善に対する敵となるかもしれない良きもので溢れているだろうか。

(2) 心理学者のミハイ・チクセントミハイは、「内なる体験をコントロールする人は、自己の

（3）人生の質を決定できる」と言う。コントロールできる内なる体験は何か。所有欲は、身体、経済、感情を疲弊させていないか。人生と資源をコントロールするために、どう捨てていけばよいのか。所有物を減らすことに躊躇する最大の理由は何か。

（4）人生に喜びを吹き込むことは、上首尾に人生をしめくくる大切な要因である。わくわくすることを三つほど挙げていただきたい。それぞれについて、時間のおよそ何％を割いているか。十分な時間か、あるいは少な過ぎるか、それともちょうど良い時間か。うまく調整するには、どうしたらよいか。

17

（1）筆者は、キリストへの服従は「自己に死ぬこと」であるとの教えは異端であり、かえって教会では個人主義が奨励され、支持され、補完されると言っている。この考えにあなたは賛成か、反対か。個人主義とはどのような点で価値があるか。どの点で問題となりうるか。

（2）「小さな自己」と「大きな自己」の違いをあなたはどう理解するか。前半戦はどの点で「小さな自己」に焦点が当たっていたか。「大きな自己」のために、どのように小さな自己を犠牲にすることができるか。

（3）後半戦のミッションで、あなたはどのように大きな自己を解放するか。

（4）筆者は、「利他的エゴイズム」を、「他者と自己の両方のため」とする。他者のために挑戦的な何かをなしながらも、回り回って自己のためにもなった例を挙げられるか。

（5）成功は、どう孤立や孤独を呼ぶのか。

（6）健全な個人主義と不健全な個人主義の違いを示す道路標識を考えてみよう。このリスト（二八八ページ）を見て、どの部分に変更の必要性を感じるか。変更のために、生活にどう変化が必要か。

18

（1）大学で学んだことと、現在の仕事がどうかかわりを持つか説明していただきたい。

（2）社会人になってから経験した中で、あなたにとってふさわしい学習スタイルは何か。仕事以外で、自己の成長や向上のために、新しいことを学ぶ時間をあなたはどの程度とれているか。

（3）後半戦のミッションを考えたとき、未来の課題のために学び直さなければならないことは何か。少なくとも三つリストアップし、その分野でどのように「自己を鍛えうる」かを示していただきたい。

（4）「学習方法」のリスト（一九六〜二〇〇ページ）を見直していただきたい。過去に役に立ったのはどれか。これらのうち、学習方法としてあまり関心を寄せなかったもの、あるいは試みなかったものはどれか。それはなぜか。

（5）後半戦のミッションのための学び直しは荷が重いか。それともわくわくするか。それはなぜか。

19

（1）今までの「外部の事象」、すなわち変えられない設定は何だったか。

（2）いいアイデアがあったのに、「外部」に邪魔された状況を考えてみていただきたい。たとえば、上司の許諾が得られない、融資が受けられない、専門性やコンフォート・ゾーンとかけ離れていた、など。あなたはそれらにどう対応したか。その経験から何を学んだか。人生の変えられない外的要因を、どう機会に変えられるか。

（3）筆者は、「権威なき人生はない」と言う。あなたはそれに同意するか。後半戦のミッションでは、あなたはどう権威やルールを受け入れなければならないのか。

（4）聖書は、「キリストの権威に従うほどに、人は自由になる」と教える。それは正しいか。あなた自身の人生で、このことは真実だったか。説明してほしい。

（5）身に起こった理不尽を説明していただきたい。あなたはどう対処したか。そのことを通して自己について何を学んだか。神についてはどうか。あなたに起こる理不尽に対処したことで、恵みと自由をどう見出したか。

20

（1）意義ある人生との崇高な考えは、やがて精励と犠牲を意味するようになる。したがってコストを節約すべく、あなたは教会に「手を浸してみる」程度で済まそうとするかもしれない。それは、前半戦に片足を、後半戦に片足を突っ込んでいるようなものである。あなたはどのようにして、股裂き症候群を避けられるか。

（2）筆者は、ハーフタイムから後半戦へのシフトは一定の時間を要し、いくつかはフラインスタートになると警告する。あなたはそこを潜り抜けてきたか。リスクを知ることは、対処にどう役立つか。

（3）後半戦に向かうにあたり、前半戦、ハーフタイム、後半戦の三つの地点に同時にいることはできるものか。

（4）後半戦のすばらしさは、自分らしくいられることである。前半戦にあなたはどのような点で真の自分になることができたか。また、そうなることをあなたは阻まれたか。後半戦は、どのように真の自己を可能にし、促してくれるか。

（5）あなた自身が誇りに思う資質で、前半戦で輝かせることができなかったものを、少なくとも一つ挙げていただきたい。その資質が後半戦で発揮されるにはどうすればよいか。

21

（1）家計簿を引っ張り出して、必要なものを確認してみよう。それから、後半戦のミッションに自己資金を投じうるだけの予算調整を検討しよう。

（2）ハーフタイムを阻みかねない仕事や経済状況をすべてリストアップしていただきたい。リストに目を通し、障害を克服する、あるいは最小限に抑える創造的な道を見出していただきたい。一人で行ってはいけない。信頼できる友人に堂々と迷いを話してみるのがよい。

（3）筆者は、ハーフタイムの隠れた見返りは、そのリスクを上回ると言う。現在、仕事からあなたはどんな見返りを得ているか。スキルや知識からどんな見返りを得たいか。

22

(1)「残された年月を最高のものにするかを決める自由がある」と心から思えるか。今すぐに、後半戦のゲームプランを阻んでいる要因、躊躇させている要因を三つ挙げていただきたい。それら一つひとつについて、克服のために、今後三〇日間で行えそうなことを一つに絞り込んでいただきたい。

(2)仕事、家庭、教会、地域社会とのかかわりはどのように一つになっているか。どうすればもっと良い形で一つになるか。

(3)地域社会の誰かにあなたの信仰が良い形で受け入れられたと感じた例を、少なくとも一つは記していただきたい。その時、どんなふうに感じたか。

(4)筆者がキリスト教のビジョンを語る箇所(二二八ページの一六行目以降)を読み直していただきたい。この力をあなたはどのように人生に取り入れられるか。力を解き放つには、どうステップを踏めばよいか。

(5)筆者は、「個の責任こそが教会を変える鍵」と述べる。地元の教会を考えてみていただきたい。教会を変えるためにあなたは、どのような役割と責任を担っているか。

ドラッカーの叡智から学んだこと

私がドラッカーから学んだこと

激変のケーブルテレビ業界のやり手CEOとして、私は視野を広げなければと思うようになった。一九八四年当時、私はすでにドラッカーの熱烈なファンになっていた。彼が私の相談相手になってくれるかどうかに賭けてみようと決めた。

こうして、二〇〇五年にドラッカーが亡くなるまで、実り多き関係が続いた。すでにおわかりのように、私の人生における彼の影響は、私の書くものすべてに見られ、この人を抜きにして私は何かを語ることはできない。私の慈善活動の指針となるほぼすべての「知的養父」である。一九九七年、『アトランティック・マンスリー』誌のジャック・ビーティは、『マネジメントを発明した男　ドラッカー』の取材で、私に二時間のインタビューを行った。その時のインタビューは、「彼は頭脳、私は脚」のたった一文に表れる。

九五歳で亡くなったドラッカーは、その名を冠したマネジメント・センターを持つカリフォルニア州クレアモント大学院で三〇年以上教鞭をとっていた。ニューヨーク大学での二〇年間を含むマネジメント担当教授としてのキャリアに加え、三〇冊以上の本を出版し、『ウォール・ストリート・ジャーナル』『ハーバード・ビジネス・レビュー』『フォーブス』、その他多くの定期刊行物に寄稿したのであり、合わせると四〇〇万ワードにも及ぶ。

ピーターは、敏腕ジャーナリストさながら、教育、執筆、コンサルティングに取り組んだ。彼は全体を見て、その意味を語った。彼は記者の現実感覚と同時に、哲学者の理想と静かに献身するキリスト者の心をもあわせ持っていた。

私が彼から学びとったすべてを限られた紙幅で記すのは難しいが、ハーフタイムの旅に関係したところだけをハイライトで紹介したい。

ミッション第一

おおむね彼の影響もあって、現在、ほとんどの企業で「ミッション・ステートメント」が流行している。しかし、ピーターにとってミッション・ステートメントとは、額装して役員室の壁に飾る以上のものがあった。企業活動のすべてを駆り立てるものだった。CEOであれ、牧師であれ、経営者であれ、あるいはハーフタイムを過ごそうと考えている個人でさえも、彼が語ることはいつも変わることがなかった。「『私が何をすべきか』ではなく、『何がなされるべきか』を問わなければならない」。ピーターによれば、善き意図（「私は何か意義あることをしたい」）は出発点に過ぎない。目的は、ミッションを具現化する成果、つまり、何がなされるべきかであり、顧客にとっての価値を生み出す「何か」だった。彼は何度も私にこうくぎを刺したものだ。

「あらゆる成果は外の世界にある。内にあるのはコストと労力だけなんだよ」

健康と強みの島嶼に築け

私の力、才、財産を、より意義のある後半戦に集中させるにはどうしたらよいかを考え始めたとき、私は直観的に教会と仕事をともにしたいと思った。他の何千もの教会に影響を与える大規模かつ健全で成功している教会とともに仕事をして、神の王国のために多くのことをなしとげられるよう力を添えてくれたのもピーターだった。私のミッションは、教会に潜在するエネルギーを解放することであり、巨大な潜在エネルギーを持つメガチャーチに集中することで、多くのことを短期間でなしとげられると彼は教えてくれた。「成功すれば、とほうもなく巨大な変化をもたらすものだけに取り組むように」と彼から言われたことがある。同様に、個人もまた、自己の持つ才や強みのうえに後半戦に取り組むべきとも考えていた。ハーフタイムを成功させるのに自己を大きく変えてはいけない。むしろ「最高の自己」を新たな意義ある方法で再配置する道を探し当てるべきなのだ。

問題ではなく、機会に注目せよ

ピーターによれば、大半の組織は、本来機会に当てるべき最高の人材、アイデア、資源を問題に振り向けてしまっているという。彼はかつて私に「人生はそれほど長くはない。行いたいことを喜んで受け入れてくれる人たちとともに人生を過ごすのがよい」と語ったことがある。望まない人たちを変えるために、貴重な人生の時間を用いるべきではないとも教えてくれた。成長と力に満ちた教会をどんどん築き、増やしていくために「マネジメント」の思想を積極的に受け入れる用意のあるリーダーを見出し、結び付けることが私の仕事となった。個人にとって効果的な創生の道は、「予期せぬ成功」に目を向け、礎に据えることとピーターは考えていた。彼は、暗闇を呪うのではなく、光に向かって走れと教えてくれていた。

「パラレル・キャリア」

ピーターは、ベビー・ブーマー世代が中年期に差しかかったとき直面する大転換に心をとめていた。彼は六〇歳を目前に、少なくともあと二〇年は元気だし、悠々自適をよしとしない健康な人たちにとって、引退はますます魅力的でなくなると予言した。私にとって「パラレル・キャリア」の概念を教えてくれたのもピーターだったし、それは現在の仕事を続けながら、後半戦のための新たな機会を探り当てるものだった。多くは日々の仕事を辞めてしまうわけにはいかない中でハーフタイムに突入する。パラレル・キャリアは最終的に「本業」に取って代わりうる現実的な手段を提供してくれる。

知識労働へのシフト

ピーターは、私たちが「情報時代」に突入するはるか以前に事態を察知し、「歴史上稀有な社会変化」と呼んだ。これまでの世代は、日々の仕事で疲弊させられてきたこともあり、いきいきとした実りある「後半戦」を期待することなど望むべくもなかった。工場で働き、畑を耕し、高速道路を作るなどして二五〜三〇年働いたら、引退は望ましいのみならず、なくてはならないことだった。しかも、平均寿命は短かった。今日では、ほとんどの労働者はデスク・ワークをこなし、会議に出席し、ネットで交渉し、携帯電話で仕事を行うようになり、誰もが事業の成長のために同じツールを活用する。四〇の声を聞く頃には、時に燃え尽き、あるいは変化の必要性を感じるかもしれないが、肉体的にはいまだピークに達しておらず、少なくとも後二五年はエネルギーが残されている。この変化こそが、ドラッカーがハーフタイムの思想に期待するとともに、「すでに起こった未来」として予期し、さらに多くの成功者が意義ある後半戦に入ると考える契機だった。

体系的廃棄

ピーターは、「何をするか」と同じくらい、いや、それ以上に「何をしないか」が大事だと考えていた。リック・ウォレンは、ピーターの助言から力を得た一人であるが、そのことを『「ノー」の力』と呼んだ。人は時としてある種のエゴに突き動かされて、自分は何でもできると思い込んでしまう。特にわくわくするプロジェクトを手伝ってほしいなどと声がかかると、それが顧客に何ももたらさないプロジェクトならば「経営者のエゴへの投資は排除せよ」とのピーターの助言を思い出すようにしている。

自分が本当に得意とすることはほんのわずかしかないと認めるのは屈辱的かもしれない。その事実を受け入れれば、より大きな個人的な成功と意義につながることに集中できるようになる。

ソーシャル・セクターの役割

ピーター・ドラッカーといえば、「現代マネジメントの父」として知られ、実際またその通りである（ただし、本人は違和感を抱いていたようだが）。そのようにして、多くの成功企業に役立とうとした一方で、ピーターは次第にソーシャル・セクター、すなわち、社会ニーズに応える非営利組織に目を向けるようになった。政府は、政策立案者、ルール設定者、財政管理者として役割を担っているものの、社会サービスの運営を試みるべきではなく、それというのも政府にはそうするだけの力がないのは証明されているためであると、ドラッカーは感じた。

市民の社会ニーズに応えることは、企業の役割ではないとも考えていた。むしろ非営利団体（五〇％以上が教会や信仰組織）こそが、大きな善を行う可能性を秘めていると考えた。彼がしばしば述べたのは「可能性と実績を取り違えるな」ということだった。教会を含むソーシャル・セクターの良き経営者になるための支援に多くの時間を割いた。ある種の人々が、メガチャーチはマネジメントを導入して会社のようになるべきではないと批判したのに対し、ピーターは「マネジメントの役割は、教会をより教会らしくすることであって、企業のようにすることではない」と述べていたのを私は知っている。特に、彼はこれから引退を迎えるベビー・ブーマー世代が、意味ある生き方を求めていることを考えると、教会の中に社会ニーズに応答する大きな可能性を見た。

顧客の意味

ピーターは、三つの基本を繰り返し問うことを好んだ。「事業は何か」「顧客は誰か」「顧客にとっての価値は何か」である。ピーターにとって、三つの問いは、教会でも問われなければならなかった。彼は、顧客ではなく、自己の内部利益のために運営され始めた日に、組織は死に始めると信じていた。私が後半戦に入ったとき設立したリーダーシップ・ネットワークは、長年にわたりいくつかの戦略的変化を遂げてきたものだが、多くはこれら三つの問いに立ち返ることによっていた。

大人になる

ピーターはかつて私に語ったことがある。

「『何によって憶えられたいか』を問い始めたときあなたは大人になる」

ハーフタイムの問いかけである。過去の業績より未来への遺産を語ることで、意義の核心に迫る問いである。そのためには、冒頭でお話ししたように、自己の墓碑銘を記すほどに、そこに意識を集中させるものはない。これから健康に過ごす何十年もの間、自分にとって何より大切なものを考えさせる問いだからである。

ピーターは、政党やイデオロギー、偏見にとらわれない人だった。彼は、自身の言葉を借りれば、「あらかじめ持っている傾向にとらわれた囚人」ではなかった。彼は私に、絶え間ない刷新の必要と、常に異なる視点から見ることを教えてくれた。彼は、『傍観者の時代』で「見るために生まれ、物見の役を仰せつけられ」たと言う。その視野は曇りがなかった。おかげで私の人生は計り知れないほど豊かなものになった。

二〇年後の読者へ——私が学んだこと

この本を書いたとき、正直なところ、五〇〇〇部売れれば上出来だと思っていた。二〇年経った今、予想が見事に外れたことに驚かされている。ハーフタイムが世界中の人々に与えた驚くべき影響に、私は真に頭が下がる思いである。何年にもわたって何千もの人が電話をかけてきて、あるいは手紙やメールを送ってきて、ダラスのオフィスに出向きさえして、私が「ハーフタイム」と名づけたそれぞれの狂おしい人生の一幕を直に伝えてきたものだった。

この数年間で、ハーフタイムと中年期の自己刷新のアイデアは、世界中の何千人もの読者の参加もあって、洗練され、強化され、実証され、拡大してきた。

ハーフタイム・インスティテュートは、この本から学んだことを実践する後押しを求める読者から生まれた。折り紙付きの学習プログラムを備え、経験豊かな教授陣やコーチも常に互いに学び合うとともに、教えられる側からも学んでいる「後半戦のための大学」となっている。

旅を振り返りながら、私たちのグローバルネットワークであるハーフタイム・コーチが、何千ものハーフタイム実践者とともに歩む中で学んだことを、皆さんと共有したい。

（1）ハーフタイムの旅には時間がかかる

多くの方がこの本の最後のページを読み終えて、私があなたの物語を書いたようにさえ感じるだろう。すぐにでも飛び込んで、何をすべきかうずうずしており、数週間や数か月で何とかせねばと思ってしまう。私たちは、この旅には一年以上かかり、多くの人は二〜三年かかるのを目にした。

まずは腰を据えて内省し、祈り、自分の探求方法をテストしてみなければならない。ハーフタイムでよくある間違いの一つは、あまりに性急に解決策を得ようとすることだ。実は、探求の旅自体が後半戦の自己を形作るかけがえのない過程である。

（2）ハーフタイムの自己刷新ではまず緩和から

前半戦の成功要因には、後半戦に意義を見出す前に手放さなければならないものがたくさんある。成功がどこから来たのかを認識しながら成功を祝福する——アドレナリンや達成中毒を克服すること——愛する人ともっと近くなれるようにペースダウンすること。前半戦のドラッグに依存してしまうと、喪失に感じられるかもしれないが、意義、喜び、バランスに根ざした人生へと解放される。

（3）ハーフタイムは建築学より考古学

後半戦計画に必要なことの多くは、すでに心の中にある。この旅には、掘り起こす時間と修練を要する。前半の仕事を振り返ってみてほしい。前半戦の最高の状態だったのはいつか。何をしていたか。背景はどのようなものだったか。苦しかったことは何か。そこから何を学んだか。後半戦にとっての意味は何か。

（4）ハーフタイムは世界的現象である——アメリカやキリスト教のみではない

ほとんどすべての国々でのハーフタイムを目にし、世界中の成功者が例外なくハーフタイムを迎えていることがくっきりと見えてきた。彼らの多くが同じ疑問を持ち、健全な後半戦への移行を行うために、次の四つのことを必要とする。

問題を分解するプロセス、視野を広げる物語や事例研究、視点を与えてくれる仲間、指導してくれるコーチである。

多くの人々にとって、信仰はこの発見と再生の重要部分であるが、信仰の観点から来たのではない人々にも、やはり同じ四つが必要である。

（5）一対一のパーソナル・コーチング

長年にわたり、ハーフタイム・インスティテュートは、成功から意義へとシフトする方法を教えることに重点を置いてきたが、持続可能な人生の変化はほとんど見られなかった。個人的にハーフタイムを経験したコーチによる世界的なネットワークを加えることが、このプロセス全体の秘訣となった。世界最速の水泳選手にだってコーチがいる。あなたもコーチが必要なはずだ。

（6）旅は道連れ

ドラッカーは、ハーフタイム・インスティテュートに知恵を授けてくれた。初期の頃、ハーフタイム実践者に必要なプログラムを探し出すのに苦慮していたとき、私に寄り添ってこう言った。

「賢い人ほどね、信頼できる仲間の中で、心のいらだちを口にできる安全な場所を必要としているんだよ」

なぜ、そう思ったのだろう。

彼には、私たちが見落としているものを見る力がある。

だから、この旅には、必ず何人かの友人に声をかけていただきたい。あるいは、私たちが仲間に引き合わせることもできる。彼らはあなたに視点と納得感をもたらすだろう。

（7）シフトには二つのカーブがある

多くの人は、ハーフタイムを迎えてから、「残りの人生をどう生きたらいいのだろう」と頭では考える。しかし私たちは、それと同じくらいの意義を持つ「心の旅路」と呼ぶもう一つの旅があることを発見していた。

次の季節に、何者になるのか。アイデンティティはどう変化する必要があるのか。成果をどう測定するのか。親しみある人間関係をどう手にするか。

私たちは、人の喜びがこの内的な変化とどれほど深く結びついているかに驚いている。

（8）財務計画を再構築し、心の安定を

私は人生の半分以上を、「いくらあれば十分か」という問いとともに生きてきた。経済的なゴールを切らなければ、天命に時間とお金を自由に捧げることはできなかった。マイケル・カードの「私たちが捨てたもの」の歌詞にあるように、「自分が捨てたものから得られる自由は想像もつかない」。

後半戦には大きな実りを体験してほしい。

聖書は、「信心は、満ち足りることを知る者には、大きな利得の道です」（「テモテへの手紙一」六：六）と保証する。

この本を真剣に読むなら――。

自己のためにどれくらい必要か。子供たちにどれくらい残すか。寄付を最大化するにはどうしたらいいか。そのような点に挑戦する。私は、問いへの答えを手にすることで、心の平安を得ることができた。

（9）子供たちが独立した後も家族は繁栄する

ハーフタイム実践者の皆さんに「人生が満ち足りたものになるとしたら、それは何によってか」と尋ねると、ほとんどの場合、答えに家族が含まれる。家族の繁栄を望む。しかし、後半戦に繁栄する家庭を築く思慮深い計画を持つ人はほとんどいない。

二〇年後の家族の姿と、自分が果たすべき役割を考えてみていただきたい。

これらの詳細、ハーフタイム実践者の体験談、ハーフタイム・インスティテュートのブログラムについてお知りになりたい方は（www.halftimeinstitute.org）をご覧いただきたい。

謝辞

この本を書き、自己の人生を振り返る中で、私は驚くべき真実を目にした。私はチーム以外で何ごとかをなしとげたことがないということだ。

時に思い上がって、自己満足に陥りがちな私たち人間が、一見自立しているように見えるのに、神は苦笑しておられるだろう。

大金を稼いだとか、スポーツで有名になったとか、本を書いたとか、何か特別なことをなしとげたとか、そんなことが理由かもしれない。

神はそんな思い上がった私たちに、いかに私たちが身を寄せ合っているかを教えている。

それを知る上で、最も偉大なものはパウロによる「ローマの信徒への手紙」一二章である。

「分を越えて思い上がることなく、神が各自に分け与えてくださった信仰の量りに従って、慎み深く思うべきです。一つの体の多くの部分があっても、みな同じ働きをしているわけではありません。それと同じように、私たちも数は多いが、キリストにあって一つの体であり、一人ひとりが互いに部分なのです。私たちは、与えられた恵みによって、それぞれ異なった賜物を持っています」(一二：三〜六)

この本は、チームの成果である。それはゾンダーバン社のスコット・ボリンダー氏による。

何度か私はあきらめかけた。

しかし、ボリンダー氏は何度もダラスを訪れ、呻吟する私を説得し、ついに本を完成させてくれた。

リン・クライダーマン氏はブックデザインを担当してくれた。アシスタントのB・J・エングル氏は、何時間もかけて幾度にもわたる原稿の下書きと書き直しをしてくれた。T・S・エリオットが言う、書くことを「不明瞭さへの襲撃」と呼んだ意味を、私は身をもって知ることになった。

私は、目的ごとにいくつかのチームに所属する。人生設計については、ドラッカーが私の人生で最大の恩人である。彼は、私が企業経営をがむしゃらに学ぶ必要があった初期の頃、著書を通じて多くの人にそうであったように、私の師となってくれた。その後、私が後半戦に差しかかったとき、成功から意義へのシフトを図る私の水先人となってくれた。

私のオフィスには少なからず蔵書があるが、中でも二冊の本が私の最高のパートナーとなってくれた。人間についてはドラッカーの『マネジメント』、魂については聖書である。

ドラッカーは二〇〇五年一一月、九六歳の誕生日を目前にして世を去った。その思想は、書物とともに、彼が触れ合った人々の人生に生き続けている。

ドラッカーの序文だけでも、この本を書いた価値は十分にあった。

序文には、私にとってもかけがえのないことが記されているが、何より大事なのはあなたにとって価値ある多くの事柄が述べられている点である。

ドラッカーは、私にとって何年もそうであったように、今起こっていることを解釈する上で、あなたの道案内役となってくれる。

本書はマネジメント分野のスター、ジム・コリンズの序文から始まる。ドラッカー同様に、ジムの目は誰よりも冴えわたっている。

私の最初のチームは、言うまでもない、妻リンダだ。

彼女は私とはまったく違う人間だが（ありがたいことに）、私の思考がどこで終わって、彼女の思考がどこで始まるのか、わからなくなることがある。私が愛し、尊敬するこの人のいない人生など、想像もつかない。もちろん、一九八七年に失った息子のロスは、今も私のそばにいる。

この世を生き、生命に溢れて、情熱的で、男も女も狩猟犬も愛したロスは、多くの点で私の人格の未完成部分であった。彼との再会も遠い先ではないだろう。そのとき私たちは永遠を共にすることになるはずだ。

何より、神とのパートナーシップを特記したい。私というささやかな存在が、まさに創造主とのパートナーシップを結んでいると感じることは、言葉に尽くせぬ喜びである。

私は、この本のドラッカーの序文を目にするまで、そのことを知らずにいた。彼は私に書ける以上のものだと語っている。

私が挑戦したが、果たせなかったこと。
私の技量では無理だと思ったこと。
しかし、それはここにある。
驚くべき事実に、私はただ神に感謝するのみである。

おわりに

「二〇世紀は、自己の時間や才をどのように投資するかについて、多くの人々が真の選択をするようになった最初の時代である。にもかかわらず、ほとんどの人は、心の準備さえできていない」

——ピーター・ドラッカー『明日を支配するもの』

読者の皆様へ

お読みいただき、ありがとうございます。

本書のメッセージを真摯に受けとめたあなたは、人生の実り多き旅に出ようとしています。楽なことばかりではありません。しかし、充実したものになるはずです。真摯であってほしいと願っています。

私の人生は、ハーフタイムが現在進行中であることを示す一例です。一九九九年七月、私は会社を売却し、正式にフルタイムベースでハーフタイムに入りました。

私個人はまだ航海の仕方を学んでいますし、他の人々が分かち合ってくれるハーフタイムの苦渋や勝利の経験から私も学んでいます。

そこで私は、あなたのような人がハーフタイムの旅で遭遇する機会を手にするための組織やツールを開発しました。

それぞれの組織やツールは、ガイドラインやアイデア、実体験を提供することで、あなたが活動を開始し、その中で力を傾けられるよう設計されています。

お役に立てることを願っています。私は一九九七年に『ゲームプラン』（未邦訳）を書き、読者の要望に沿うよう問い、ベストプラクティス、練習問題を通して、より具体的な「ハウツー」のガイダンスを提供しています。

ハーフタイム・インスティテュート（www.halftimeinstitute.org）は、斬新なプログラム、世界レベルのコーチング、グローバルなつながりを通じて、ビジネスや専門家のリーダーを後押しするものです。真の「後半戦のための総合大学」です。

ハーフタイム・インスティテュートは、長年にわたり洗練された折り紙付きの方法を提供し、あなたが前半戦での成功を生かして、深い意義と喜び、インパクト、バランスに満ちた後半戦の人生を築き上げるのを支援します。

ウェブサイトには、動画、ストーリーなどプログラム情報が満載されています。

プログラムは三つを提供しています。

①同じ志を持つ仲間との意見交換や挑戦

②後半戦へのシフトに付随する恐れや厄介を解消する折り紙付きの方法

③経験豊かな認定ハーフタイム・コーチ

ハーフタイム・タレント・ソリューションズ（www.halftimetalent.com）はハーフタイム・インスティテュートの補完組織として「意義と目的を求める」人々を助けるという使命から自然発生的に設立され、信仰をベースとした非営利団体のために「神の王国」の志を持つ質の高いリーダーの人材紹介を行っています。その独特で機敏な「ネットワークのネットワーク」は全米だけでなく広く世界をカバーしています。ハーフタイム・タレント・ソリューションズは上級管理職のリクルーティングや暫定的な経営者派遣、コンサルティングサービスを通して、有能で意欲の有る人材を見つけ、意識の高い信仰ベースの非営利団体のネットワークに紹介しています。

私は「ハーフタイム」に共感してくれた方々と面談してきました。彼らには旅を始めたものの、その後行き詰まってしまった人もいます。私は、そんな「立ち往生」からの脱出にも力になることができたと思っています。

本書は意義ある後半戦から人々を遠ざけるいくつかの間違った道筋を指摘します。また、読者が後半戦の夢を実現する方法を、ハーフタイムを上手に通り抜けた人々の実例をもって示します。

他の活動についても、多くの方が関心を寄せてくださっています。以下の取り組みは、企業家としての私の関心と、アメリカの教会の潜在力を生きた力に変えるというミッションのもと、信仰と持てるリソースを通じて変化をもたらそうとする私の関心を反映したものです。具体的な取り組みの詳細は、ウェブをご覧ください。また、直接のコンタクトもお勧めします。

リーダーシップ・ネットワークは一九八四年に開設され、革新を志す教会リーダーに情報を提供し、結びつけるリソースの仲介役を担っています。

二一世紀の教会の新しいパラダイムは、ツールやリソースの開発、聖職者と信徒の両方を含む二一世紀の教会指導者育成を必要としています。リーダーシップ・ネットワークは、メガチャーチの指導者チーム、信徒動員分野の指導者、中規模・地域レベルの教団指導者、次世代の新進若手指導者などにサービスを提供しています。

リーダー・トゥ・リーダー（旧「ピーター・F・ドラッカーNPO財団」）は一九八八年にディック・シューベルト、フランシス・ヘッセルバインと私の三人が、ピーター・ドラッカーを説得して、彼の名前とその頭脳、時には彼の直接の関与を含め、社会福祉団体が優れた結果を出せるように指導する目的で設立され、私は創設時から理事長を務めています。同財団は、コンファレンス、出版物、外部との提携を通じて、社会福祉団体がそれぞれの使命に集中し、説明責任を果たし、革新を推し進め、生産的な提携関係を築く手助けをしています。

アクティブ・エナジーはハーフタイムの途上にある人々の助けとなる多くのウェブサイトへのリンクをまとめている私自身のサイトです。私は今、このウェブサイトで「私の次回作」をリアルタイムで執筆しており、新たに書き上げた章をEメールで提供しています。これは無料で、過去に書いた章はサイト上で閲覧可能です。私はここでの「思索」による執筆を続けるつもりですが、私の次作『ビヨンド・ハーフタイム』は実際これらの思索に基づいたものになりました。

二〇〇六年五月、ドラッカー・アーカイブはドラッカー・インスティテュートに改組され、私は理事長を務めています。ドラッカー・インスティテュートは、ドラッカーの説くところを「新しい読者に、新しい方法で」伝えることをミッションとしています。現在では、世界各地のドラッカー協会のネットワークをはじめ、さまざまなプログラムやチャンネルを展開しています。

インスティテュートは、シンクタンクやアクションタンクの活動に加え、ピーターの著作物の貴重なオンライン・アーカイブを所有しています。

最後に、個人的な考えですが、成功から意義への旅を始めるとき、終わりを念頭に始めていただきたいと思います。私が考える終わりとは、やがてロスや他の友人、家族と一緒に天界で再会することです。その日は至福の時となるでしょう。そう思ってください。

その時、私は説明責任を果たしている、果たそうと願っていると思ってください。次の世界に入る前、たった二問の最終試験があると思います。

第一の問いは、「イエスをどうしたか」。受け入れたのか、それとも多忙を理由にやり過ごしたのか。

第二の問いは、「神がつかわした協力者と共に何をなしとげたか」です。ここでいう協力者とは、友人でも、仕事仲間でも、家族でもなく、あなた自身のことです。

「よくやった、善良で忠実なるしもべよ」と褒めていただけるように、最終試験に向けてたゆみなく備えていただけることを願っています。

二〇〇八年一一月

ボブ・ビュフォード

注

第Ⅰ部

第1章

1. Connie Goldman, The Ageless Spirit (Minneapolis: Fairview, 2004).

第6章

1. ジョン・ダン『瞑想録』一七

第Ⅱ部

第7章

1. すでに入手不可能な冊子による。

第9章

1. 『シティ・スリッカーズ』（監督／ロン・アンダーウッド、脚本／ローウェル・ガンツ、製作総指揮／ビリー・クリスタル、コロンビア・ピクチャーズ）一九九一年
2. エリック・ホッファー『魂の錬金術——エリック・ホッファー全アフォリズム集』中本義彦訳、作品社、二〇〇三年
3. ラリー・クラブ『インサイドアウト——魂の変革を求めて』川島祥子訳、いのちのことば社、二〇〇二

三年

第10章

1．Dennis O'Connor and Donald M. Wolf, "From Crisis to Growth at Midlife: Changes in Personal Paradigm（中年期における危機から成長へ——個のパラダイム変化），" *Journal of Organizational Behavior*, 12, no. 4（July 1991）: 323–340.

第11章

1．Laura Nash, *Believers in Business*（ビジネスの世界の信仰者たち），（Nashville: Nelson, 1994）.

第13章

1．Charles Handy, *The Age of Paradox*（パラドックスの時代），（Watertown, Mass.: Harvard Business School Press, 1994）.

第14章

1．Dag Hammarskjold, *Markings*（マーキングス），（New York: Knopf, 1964）.

第III部

第15章

1．スティーブン・R・コヴィー『完訳　7つの習慣——人格主義の回復』フランクリン・コヴィー・ジ

ャパン訳、キングベアー出版、二〇一三年
2. Andrew Carnegie, *Round the World*（世界の中で）, (Charleston, S.C.: Biblio Bazaar, 2007).
3. リチャード・ボウルズ『あなたのパラシュートは何色?』花田知恵訳、翔泳社、二〇〇二年

第16章
1. チャールズ・ハンディ『ビジネスマン価値逆転の時代——組織とライフスタイル創り直せ』平野勇夫訳、ティビーエス・ブリタニカ、一九九四年
2. M・チクセントミハイ『フロー体験喜びの現象学』今村浩明訳、世界思想社、一九九六年
3. ロバート・N・ベラー、リチャード・マドセン他『心の習慣——アメリカ個人主義のゆくえ』島薗進、中村圭志訳、みすず書房、一九九一年

第17章
1. ハンス・セリエ『生命とストレス——超分子生物学のための事例』細谷東一郎訳、工作舎、一九九七年

第18章
1. ピーター・M・センゲ『学習する組織——システム思考で未来を創造する』枝廣淳子、小田理一郎、中小路佳代子訳、英治出版、二〇一一年

参考文献

Blanchard, Ken. *Lead Like Jesus*. Nashville: Nelson, 2007.（Including the *Lead Like Jesus* study guide）

Bolles, Richard Nelson. *What Color Is Your Parachute? A Practical Manual for Job-Hunters and Career Changers*. Berkeley: Ten Speed, 2007.（リチャード・N・ボウルズ『あなたのパラシュートは何色？――職探しとキャリア・チェンジのための最強実践マニュアル』花田知恵訳、翔泳社、二〇〇二年）

Brafman, Ori, and Rod A. Beckstrom. *The Starfish and the Spider: The Unstoppable Power of Leaderless Organizations*. New York: Penguin, 2006.（オリ・ブラフマン、ロッド・A・ベックストローム『ヒトデ型組織はなぜ強いのか――絶対的なリーダーをつくらない組織が未来をつくる』伊藤守監修、大川修二訳、ディスカヴァー・トゥエンティワン、二〇〇七年）

Brooks, David. *On Paradise Drive*. Farmington Hills, Mich.: Gale, 2004.

Buckingham, Marcus, and Donald O. Clifton. *Now Discover Your Strengths*. New York: Simon and Schuster, 2001.（マーカス・バッキンガム、ドナルド・O・クリフトン『さあ、才能に目覚めよう――あなたの5つの強みを見出し、活かす』田口俊樹訳、日本経済新聞社、二〇〇一年）

Collins, Jim. *Good to Great and the Social Sectors*. New York: HarperCollins, 2005.

Drucker, Peter. *The Effective Executive*. New York: HarperBusiness, 2006.（P・F・ドラッカー『経営者の条件』上田惇生訳、ダイヤモンド社、二〇〇六年）

Drucker, Peter with Joseph A. Maciariello. *Management, Revised Edition*. Watertown, Mass.: HarperBusiness, 2008.（P・F・ドラッカー著、ジョゼフ・A・マチャレロ編『経営の真髄――知識社会のマネ

ジメント（上・下）』上田惇生訳、ダイヤモンド社、二〇一二年）
Edersheim, Elizabeth. *The Definitive Drucker*. New York: McGraw-Hill, 2006.（エリザベス・ハース・イーダスハイム『P・F・ドラッカー――理想企業を求めて』上田惇生訳、ダイヤモンド社、二〇〇七年）
Ellis, Charles, and John J. Brennan. *Winning the Loser's Game*. New York: McGraw-Hill, 2002.（チャールズ・エリス『敗者のゲーム』鹿毛雄二訳、日本経済新聞出版社、二〇一五年）
Fournier, Ron, Douglas B. Sosnik, and Matthew J. Dowd. *Applebee's America*. New York: Simon and Schuster, 2007.
Handy, Charles. *The Age of Unreason*. Watertown, Mass.: Harvard Business School Press, 1990.（チャールズ・ハンディ『ビジネスマン価値逆転の時代――組織とライフスタイル創り直せ』平野勇夫訳、ティビーエス・ブリタニカ、一九九四年）
――――. *The Age of Paradox*. Watertown, Mass.: Harvard Business Review Press, 1995.（チャールズ・ハンディ『パラドックスの時代――大転換期の意識革命』小林薫訳、ジャパンタイムズ、一九九五年）
Johansson, Frans. *The Medici Effect*. Watertown, Mass.: Harvard Business Review Press, 2004.（フランス・ヨハンソン『アイデアは交差点から生まれる――イノベーションを量産する「メディチ・エフェクト」の起こし方』幾島幸子訳、阪急コミュニケーションズ、二〇一四年）
Kim, Chan W., and Renee Mauborgne. *Blue Ocean Strategy*. Watertown, Mass.: Harvard Business School Press, 2005.（W・チャン・キム、R・モボルニュ『［新版］ブルー・オーシャン戦略』入山章栄、有賀裕子訳、ダイヤモンド社、二〇一五年）
Maciariello, Joseph A., ed. *The Daily Drucker*. New York: Harper-Collins, 2004.（P・F・ドラッカー著、ジョゼフ・A・マチャレロ編『ドラッカー365の金言』上田惇生訳、ダイヤモンド社、二〇〇五年）

McNeal, Reggie. *Present Future Church*. Hoboken, N.J.: John Wiley & Sons, 2003.
Reeb, Lloyd. *From Success to Significance*. Grand Rapids, Mich.: Zondervan, 2004.
Rilke, Rainer Maria, Ulrich Baer, ed. and trans. *The Poet's Guide to Life: The Wisdom of Rilke*. New York: Random House, 2005.
Thumma, Scott, Travis Dave, and Rick Warren. *Beyond Megachurch Myths*. San Francisco: Jossey-Bass, 2007.
Warren, Rick. *The Purpose-Driven Life*. Grand Rapids, Mich.:Zondervan, 2002.（リック・ウォレン『人生を導く5つの目的――自分らしく生きるための42章』尾山清仁、小坂直人訳、パーパスドリブンジャパン、二〇一五年）

解説

現代経営の父ピーター・ドラッカー博士と一心同体・表裏一体となって事業経営（マネジメント）に取り組まれた、ピーター・ドラッカー博士の愛弟子、ダラス・テキサスの実業家・起業家（entrepreneur）ボブ・ビュフォード氏

飯島延浩《のぶひろ》（山崎製パン株式会社代表取締役社長）

米国人社会という課題

私がダラス・テキサスの実業家・起業家（entrepreneur）で、ピーター・ドラッカー博士の愛弟子ボブ・ビュフォード氏にお会いしたのは、１９９１年に山崎製パン株式会社（以下、ヤマザキパン）がフランスの製粉会社グラン・ムーラン・ド・パリ社から、同社の製パン事業である米国ヴィ・ド・フランス社の株式を取得して、米国におけるヤマザキパンの事業を開始した時でした。

私は大学を卒業し、ヤマザキパンに入社しましたが、製パン事業に携わるなら、製パン製菓の技術を身に付けることが最短距離の道を歩むことであると考え、父、飯島藤十郎社主にお願いし、英国ロンドンにあるボロー・ポリテクニックで、2年間、パンと洋菓子の勉強をいたしました。その時、キリスト教の信仰の上に立った英国社会を知り、日本人の社会とはまったく異なる、聖書と主イエス・キリストの教えを基盤基礎とするYesはYes、NoはNoと明確に言うことを前提として歩む単純な社会が可能であることを知って、希望を持ちました。

日本に帰国後、ヤマザキパンの洋菓子部門で製品開発の仕事を中心に取り組み、何度か米国出張をしましたが、米国人社会は日本人の社会とも英国人の社会とも異なり、その実態を把握することが大変難しく、私にとって大きな課題でした。

ビュフォード氏との出会い

1979年3月末、ヤマザキパン創業者飯島藤十郎社主が、武蔵野工場の火災の翌日、池の上キリスト教会の講壇の前で祈った祈りを祈りとするヤマザキパンの新経営陣による新体制が発足し、私がヤマザキパンの社長に就任いたしました。そして、1983年5月、ヤマザキパンはグラン・ムーラン・ド・パリ社との技術援助契約を締結し、冷凍生地を活用する「ヴィ・ド・フランス」店の店舗展開等に関する技術を取得し、株式会社ヴィ・ド・フランスの事業を開始しました。

そのような中で、グラン・ムーラン・ド・パリ社から、同社の米国事業である米国ヴィ・ド・フランス社のベーカリー事業を分離するので、米国ヴィ・ド・フランス社のベーカリー事業を譲り受けないかとの打診がありました。私は、米国事業に興味があり、ヤマザキパンの新経営陣も積極的前向きな取り組みを求めており、1991年4月、米国ヴィ・ド・フランス社のベーカリー部門を譲り受けることにいたしました。ヤマザキパンは、譲り受けた米国ヴィ・ド・フランス社のベーカリー部門の経営体制を整えましたが、製パン事業は社会の基盤基礎となる食品の製造販売であり、お客様である米国人社会と米国人に対する誤りない理解と実態の把握が必要不可欠です。

私はクリスチャンですので、米国から日本に派遣されていた宣教師ダック・バーゼル氏にお願いして、米国の政治家のクリスチャンリーダー、実業家としてのクリスチャンリーダー、そして、宗教家としてのクリスチャンリーダーの方々にお会いして、お話を聞く旅をいたしました。その時、米国のクリスチャン実業家としてお会いした方が、ダラス・テキサスの実業家ボブ・ビュフォード氏です。

ボブ・ビュフォード氏にお会いする前に、ビュフォード氏の友人の方とお会いする必要があると聞き、その友人の方と会食をいたしました。すると、その友人の方は、ボブ・ビュフォード氏は、家業であるケーブルテレビの事業に参加させたが水の事故で天に召されて行った一人息子の「ロス君」のことを必ず言われるので、それに対する心構えを持って、ボブ・ビュフォード氏にお会いしなさいとアドバイスをくださいました。

一人息子のロス君の話

翌日、ダラス・テキサスのタートルクリークにある、ご自宅である大きなビルの最上階のペントハウスで、ボブ・ビュフォード氏にお会いすると、私が話し出す前に、ボブ・ビュフォード氏から一人息子のロス君が水の事故で天に召されて行ったことのお話がありました。そして、その悲しみ苦しみの中で、ボブ・ビュフォード氏の信仰が深められて「この世ではもう、一人息子のロス君に会うことができない。しかし、自分自身が、天の父なる神、主のみもとに行けば、一人息子のロス君と再会することができる。そして、一人息子のロス君とともに住む期間は百万年も長い期間なのだ」との信仰に希望を得られました。

そして、どんなことがあっても、この信仰と希望を実現すると決意され、心に平安と喜びを得られました。心に平安と喜びを得て、ボブ・ビュフォード氏は、ようやく、この世のことに目を向けることができるようになられました。すると、それまで何よりも大切であった事業経営の努力の結晶である財産が光を失っていました。

事業経営の努力の結晶である財産によっては、ボブ・ビュフォード氏の信仰と希望の実現である、天の父なる神、主のみもとに行くことができないことは明らかでした。そこで、ボブ・ビュフォード氏は、事業経営の努力の結晶である財産を活用して、ボブ・ビュフォード氏ご自身が、天の父なる神、主のみもとに行く道と方法を考え求められました。

その時、ボブ・ビュフォード氏は、鉄鋼王カーネギーの話をされました。鉄鋼王カーネギーは、事業経営によって巨万の富を得ました。そして、その巨万の富を、神のみこころにかなう方法で活用することを求め考えられました。鉄鋼王カーネギーは、子供の頃、貧しく学校に行けませんでした。そのために図書館に行って一人で勉強しました。

この図書館での勉強は真剣なもので、それが鉄鋼王カーネギーとなる道を開いてくれました。全米にはカーネギー少年と同じように貧しくて学校に行くことができない子供たちがたくさんいます。鉄鋼王カーネギーは、自分が歩んで来た道と同じ道を、貧しく学校に行けない子供たちの前に開いてあげたいとの願いから、全米各地の都市に図書館を建設し、寄附されました。

このことを参考にされたボブ・ビュフォード氏は、ご自分は聖書と主イエス・キリストの教えを信じる信仰が深められたことによって、天の父なる神、主のみもとでの一人息子のロス君との再会の希望と確信が与えられて、新しい人生に取り組む勇気と希望が与えられたことを考えられ、事業経営の努力の結晶である財産を、米国の聖書と主イエス・キリストの教えを信じる信仰の拡大強化のために活用したいという願い求めを持たれました。

そして、その具体的方策として「ビュフォード財団」という財団法人と、「リーダーシップ・

ネットワーク」という組織を作り、全米のメガチャーチ、ラージチャーチの牧師や、意欲のある牧師、非営利事業の指導者達を招いて開催する「リーダーシップ・ネットワーク・コンファランス」を開催し、そこに、ピーター・ドラッカー博士や知人たちに、講師として参加していただき、メガチャーチ、ラージチャーチの牧師同士の連携をとったり、近代経営の知恵と知識を、そこに集まった人々に注ぎ込んだりして、牧師間での話し合いと協力関係の強化の時を持ち、米国のメガチャーチ、ラージチャーチの成長発展に大きな貢献をしてこられたことを話されました。

社内の混乱と争いの中で

このことを聞いた私は、ヤマザキパン創業者飯島藤十郎社主のことをボブ・ビュフォード氏にお話しいたしました。飯島藤十郎社主は、ヤマザキパンの製パン事業の全国展開の原動力となった、米国、ヨーロッパの最先端の製パン機械設備を導入して建設稼働させる、武蔵野工場の建設稼働を前にして、武蔵野工場の建設稼働に取り組むヤマザキパンの経営陣、従業員幹部は、世界的水準のレベルの高い事業経営手法を目差さなければならないとして、当時来日され、箱根で経営セミナーを開催されていた、ピーター・ドラッカー博士の経営セミナーに参加しました。ピーター・ドラッカー博士の経営理論こそ世界最高水準の経営理論であり、武蔵野工場建設稼働に取り組むヤマザキパンの経営陣、従業員幹部が目差し、実践、実行、実証すべき経営理論であると心酔し、従業員幹部とともに、ピーター・ドラッカー博士の著書を学び研究し、1963年秋の武蔵野工場建設稼働を前にして、ヤマザキパンの経営基本方針を制定するとともに、米国式事業経営手法をヤマザキパンに導入して、その実践、実行、実証に励みました。

ヤマザキパンの武蔵野工場の建設と製パン事業の全国展開は、お陰様で着実に前進しましたが、日本の社会の中で米国式事業運営を行うことは、問題課題の種を蒔くことです。

飯島藤十郎社主は、ビスケット、キャンディー、チョコレートの製菓事業にも取り組みましたが、壁に突き当たって、「疲れた」と言って、社業を弟の飯島一郎氏に委ねて休養しました。飯島藤十郎社主が健康を回復して社業に復帰しようとした時、社業を委ねた飯島一郎前社長との対立が始まり、ヤマザキパンは社内の混乱と争いの中に陥ってしまいました。この社内の混乱と争いは拡大するばかりで、解決の道が見出せませんでした。

私は、このヤマザキパンの社内の混乱と争いの中で、ヤマザキパンの取締役に就任しました。私に与えられた使命は、飯島藤十郎社主の立場を守り、ヤマザキパンの混乱と争いの中からの脱出の道を見出すことでした。しかし、飯島藤十郎社主は直観力の強い方で、「違う」と言ったらそれ以上、何も聞き入れてくれませんでした。

生産設備の全焼

飯島藤十郎社主夫妻と私3人の心の一致を実現しなければ、何一つ良いことは起こらないと知った私は、人間的な努力ではできなくても、神の力と助けをいただいてでも、飯島藤十郎社主夫妻と私3人の心の一致を得たいと願い、1973年6月、飯島藤十郎社主夫妻と私3人そろって受洗し、クリスチャンになったらどうかと、飯島藤十郎社主夫妻に提案しました。飯島藤十郎社主は、「それはいいだろう」と即賛成してくださり、1973年7月15日、飯島藤十郎社主夫妻と私3人はそろって、池の上キリスト教会山根可弌《よしいち》牧師より、受洗の恵みに入れていただきました。

すると、受洗の日から数えて11日目の1973年7月26日、ヤマザキパンの最有力工場、ヤマザキパンの製パン事業の全国展開の原動力であった武蔵野工場が、生産設備を全焼する火災に遭遇いたしました。

火災の翌日、飯島藤十郎社主は社主夫人と私を連れて池の上キリスト教会を訪れ、講壇の前で山根可弌牧師に祈っていただくとともに、飯島藤十郎社主も祈りました。「この火災は、ヤマザキパンがあまりにも事業本位に仕事を進めて来たことに対する神の戒めです。これからのヤマザキパンは、神のみこころにかなう会社に生まれ変わります」

この、飯島藤十郎社主の祈りに社主夫人も私も祈りを合わせ、受洗と武蔵野工場の火災を通し、神の力と助けによる飯島藤十郎社主夫妻と私3人の心の一致が実現し、ここから「ヤマザキパンを神のみこころにかなう会社にせんとする」新しいヤマザキがスタートしました。

このような詳しい内容のお話はできませんでしたが、私はボブ・ビュフォード氏に、ヤマザキパンはピーター・ドラッカー博士の経営理論に従って事業経営に取り組んで来たことと、ヤマザキパンが社内の混乱と争いの中に陥ってしまったこと、その社内の混乱と争いの中からの脱出の道を求めて受洗した時、武蔵野工場の火災があり、飯島藤十郎社主夫妻と私3人は悔い改めに導かれて、ヤマザキパンは神のみこころにかなう道を求めて新しく出発したことをお伝えいたしました。

ヤマザキパンのあるべき姿

ボブ・ビュフォード氏が一人息子のロス君を失い、その悲しみ苦しみからの脱出の道を求めて、聖書と主イエス・キリストの教えを信じる信仰が深められ、新しい出発をされた経験と、飯島藤十郎社主夫妻と私3人が受洗と武蔵野工場の火災を通し、悔い改めに導かれ、神のみこころにかなうヤマザキパンのあるべき姿の実現を目差し、新しい出発をしたことは、まったく同じ信仰体験でありました。ボブ・ビュフォード氏は私の話したことをそのまま受け入れてくださり、私を10年来の知己のように扱ってくださいました。

そして、その年の秋、1991年11月、ダラス・テキサスで開催されたドラッカー財団コンファランスにご招待がありました。私がダラス・テキサスのボブ・ビュフォード氏のご自宅をお訪ねすると、そこにピーター・ドラッカー博士とドリス・ドラッカーご夫妻、ドラッカー財団理事長のフランシス・ヘッセルバイン女史、ボブ・ビュフォードとリンダ・ビュフォードご夫妻がおられ、私にドラッカー財団のアドバイザリーボードのメンバーに加わらないかとのご要請がありました。私はピーター・ドラッカー博士にお会いできただけでも、この上ない喜びでしたので、喜んでドラッカー財団のアドバイザリーボードの一員に加えていただきました。

ドラッカー財団のアドバイザリーボードの一員として、毎年ドラッカー財団のコンファランスに参加させていただきました。今考えてみると、ドラッカー財団という船に乗せていただき、求めを共にさせていただいて参りましたが、米国人社会の実態の正確な把握はますます難しくなり、物事の理解が複雑化してしまいました。ピーター・ドラッカー博士は、まるで禅の高僧のようで近寄り難く、また、ドラッカー財団の中で働かれるボブ・ビュフォード氏も同じでした。

ドラッカー理論の実践

ボブ・ビュフォード氏とピーター・ドラッカー博士は一心同体であり、コインの裏表です。ピーター・ドラッカー博士が頭脳であれば、ボブ・ビュフォード氏は手足です。健全な個人主義と表現することができます。ドラッカー財団の中にあっても、個人主義はどんな場面においても尊重され、日本人特有の和の精神はどこにもありませんでした。ボブ・ビュフォード氏についてお話しすることはピーター・ドラッカー博士についてお話しすることです。私は、自分自身で正確に実態を把握できていないヤマザキパンの米国ヴィ・ド・フランス社のあるべき姿について、ピーター・ドラッカー博士に問う気になりませんでした。

私は、ピーター・ドラッカー博士の経営理論について、「飯島藤十郎社主はピーター・ドラッカー博士の著書を読んで徹底して努力して来たのに、どうしてヤマザキパンは社内の混乱と争いに陥ってしまったのか」と、ヤマザキパン本体の問題について、直接ピーター・ドラッカー博士に問いました。ピーター・ドラッカー博士は3回に分けてその答えを私にお与え下さいました。

最初のお答えは、「ピーター・ドラッカー博士は、ご自身の経営理論を現実の事業経営の場で実践、実行する時は、現実の問題課題を正確に見極め対処対応するよう口をすっぱくして言っている」というものでした。これに関しては、飯島藤十郎社主は十分注意深く対処対応していたと考えました。

2回目のお答えは2～3年後のことでありましたが、ピーター・ドラッカー博士は直接私に語りかけられました。「私は2年毎にサブジェクト（主要課題）を変えて研究し、本を出版している」とお教え下さいました。飯島藤十郎社主はピーター・ドラッカー博士の経営理論をヤマザキパンの事業経営の中で実践、実行し、様々な問題課題に遭遇し、ピーター・ドラッカー博士の新しい本の出版を心待ちにしておりました。しかし、ピーター・ドラッカー博士の新しい本が出版され、日本語訳が出版されましたが、その新しいピーター・ドラッカー博士の本の中には、飯島藤十郎社主が遭遇している問題課題については何の記述もありませんでした。ピーター・ドラッカー博士の新しい本の出版は、ピーター・ドラッカー博士が取り組まれた新しいサブジェクト（主要課題）についての研究結果の出版であり本でした。飯島藤十郎社主は遭遇している問題課題について、その解決の道をピーター・ドラッカー博士の本の中に見出すことはできませんでした。私はピーター・ドラッカー博士のご自身の研究姿勢についてのご指導により、飯島藤十郎社主が陥っていた問題課題の原因の半分を理解することができました。

3回目のお答えは、また2～3年後にピーター・ドラッカー博士ご自身から、直接私にお話がありました。「私は事業経営者（ビジネスパーソン）ではない。しかし、それに類する仕事に、人生で一度だけ取り組んだことがある。それは大学の学長としての仕事である。私は10年間、大学の学長としての仕事に取り組み、その大学の学生の数を倍にした。そして、大学の学長としての10年の努力の中で、私の誇りとしているものは、学内の誰とも対立を引き起こさなかったことである」

二人三脚、一心同体の事業経営

このピーター・ドラッカー博士の教えの言葉を聞いた時、私には悟り知らされるものがありました。ピーター・ドラッカー博士は事業経営に関する研究者であり、事業経営の中にある様々な問題課題について学び研究し、その問題課題を解決する道を見出すこと自体を目的として研究し、その研究結果を本にして世に問うことを人生の使命としておられるのです。

しかし、大学の学長として10年間のピーター・ドラッカー博士の事業経営者（ビジネスパーソン）としてのご努力は、結果として大学の学生の数を倍にしましたが、その期間における、ピーター・ドラッカー博士の努力の対象は、学内の教授陣や学生であって、それぞれの人が問いかける問題課題に真摯に向かい合って解決の道を求めて努力された10年でした。

この10年間のピーター・ドラッカー博士のご努力は並大抵のことではありませんでした。この大学の学長として10年間のピーター・ドラッカー博士のご努力と比較すると、大学の学生の数が倍になったことだけでは、ピーター・ドラッカー博士にとって、結果として誠に不十分でした。ピーター・ドラッカー博士は、ご自身に与えられた神よりの賜物は、事業経営（マネジメント）における様々な問題課題を学び研究し、解決の道を見出し、その結果を本として出版し、世に問うことであり、事業経営を行って問題課題に対処しつつ結果を生み出す事業経営者としての賜物ではないということに気づかれたのです。

このため、ピーター・ドラッカー博士は大学の学長の仕事を10年で辞め、カリフォルニアのクレアモント大学院大学で、Business Managementの教授としての道を歩まれ、2年に一度サブジェクト（主要課題）を変えて、事業経営について学び研究し、その研究の成果を2年に一度、本として出版され、事業経営（Business Management）の研究者の道を歩まれたのです。そして、ボブ・ビュフォード氏は、ピーター・ドラッカー博士に師事し、事業経営に関するすべてをご相談し、お知恵をいただいて事業経営を成功に導くとともに、ピーター・ドラッカー博士に逐一報告して、二人三脚のごとく、一心同体で事業経営に取り組まれたのです。ピーター・ドラッカー博士とボブ・ビュフォード氏は、相互補完関係にあるのです。

いのちの道の教えの言葉の体系

私はヤマザキパンの事業経営の中で、緊迫した問題課題に対処する道を求め、２００１年10月、「主イエス・キリストの教え山上の垂訓に隠された『いのちの道の教えの言葉の体系』（the doctrine of the way to life)」を見出しました。

そして、２００１年11月、米国の国家的な危機である９・11同時多発テロ直後のロサンゼルスで開催された、第11回ドラッカー財団コンファランスに参加し、私の見出した「主イエス・キリストの教え山上の垂訓に隠された『いのちの道の教えの言葉の体系』(the doctrine of the way to life)」と、米国の国家的危機の中にあって米国の最高知識人の語る言葉に耳を傾け、その米国最高知識人の語る言葉と「主イエス・キリストの教え山上の垂訓に隠された『いのちの道の教えの言葉の体系』(the doctrine of the way to life)」を比較検討いたしました。

ハーバード大学教授ロザベス・モス・カンター教授の開会講演、ピーター・ドラッカー博士の基調講演、様々な講義や講演の内容はすべて「主イエス・キリストの教え山上の垂訓に隠された『いのちの道の教えの言葉の体系』(the doctrine of the way to life)」の教えの言葉に合致し内包されるものでした。

私は「主イエス・キリストの教え山上の垂訓に隠された『いのちの道の教えの言葉の体系』(the doctrine of the way to life)」に確信を持ち、ピーター・ドラッカー博士に書面で「主イエス・キリストの教え山上の垂訓に隠された『いのちの道の教えの言葉の体系』(the doctrine of the way to life)」について報告するとともに、２００２年１月よりヤマザキパンの事業経営の中で「主イエス・キリストの教え山上の垂訓に隠された『いのちの道の教えの言葉の体系』(the doctrine of the way to life)」に従ったすべての仕事を種蒔きの仕事から開始する部門別製品施策・

営業戦略、小委員会による「なぜなぜ改善」を食パン部門と和菓子部門から開始いたしました。

ドラッカー財団コンファランスはロサンゼルスでの第11回コンファランス以降は開催されませんでしたので、私はクレアモントにあるピーター・ドラッカー博士のご自宅に行ってご指導をいただきました。すると、ピーター・ドラッカー博士は「主イエス・キリストの教え山上の垂訓に隠された『いのちの道の教えの言葉の体系』(the doctrine of the way to life)」について「日本で出版しなさい。日本だけでなく、米国においても出版しなさい」と強く強く私に求められました。しかし、私は実業家であり、「主イエス・キリストの教え山上の垂訓に隠された『いのちの道の教えの言葉の体系』(the doctrine of the way to life)」を見出しても、それをヤマザキパンの事業経営の中で実践、実行、実証して良い結果を得ない限り本の出版などまったく考えられないことでありましたので、「主イエス・キリストの教え山上の垂訓に隠された『いのちの道の教えの言葉の体系』(the doctrine of the way to life)」のヤマザキパンの事業経営の中での実践、実行、実証に徹して努力して来ました。

「セカンドハーフ」へ

今回、ボブ・ビュフォード氏の『ハーフタイム』の日本語版の出版にあたり、ボブ・ビュフォード夫人のリンダさんからの求めがあり、その内容について、日本語訳に誤りなきを期すため、ヤマザキパンの海外事業部の力を借りました。ボブ・ビュフォード氏が目差し求めた「ハーフタイム」と「セカンドハーフ」は、この世の富を得るための道を歩むことではなく、天の父なる神、聖書の神、主が、ともに住みともに歩んで下さる神の国を求め、神の国の義を行いつつ、天の父なる神、聖書の神、主のみもとに至る道を歩むことであります。ボブ・ビュフォード氏が「ハーフタイム」で教え導かれる言葉を繰り返し考えているうちに、ボブ・ビュフォード氏が教え導く「ハーフタイム」と「セカンドハーフ」の歩みは「主イエス・キリストの教え山上の垂訓に隠された『いのちの道の教えの言葉の体系』(the doctrine of the way to life)」と同じことだと導き示されました。

米国と米国人社会は、聖書と主イエス・キリストの教えを信じ受け入れ従う信仰を基盤基礎としながらも、階級社会である英国の社会からスピンオフした、階級社会ではないという意味での自由主義の社会で、同時に、聖書と主イエス・キリストの教えを信じ受け入れ従う信仰を基盤基礎としている社会です。

聖書と主イエス・キリストの教えを信じ受け入れ従う信仰を心の内に宿す人は、心の内にある聖書と主イエス・キリストの教えから離れることができず、神の国と神の国の義を求めつつ、それぞれの個人に与えられた賜物を生かしつつ、個人主義に立つと同時に、聖書と主イエス・キリストの教えに従い、人の組織体全体のために一致協力する使命が与えられ、個人主義をしっかり保ちつつ、組織全体のために一致協力する道を歩みます。

この世の富である経済的成果を追い求める「ファーストハーフ」（前半戦）では、個人主義がそのまま表面に出て来て、すべてを支配します。しかし、ボブ・ビュフォード氏が提唱される「ハーフタイム」「セカンドハーフ」は、天の父なる神、主のみもとに至る道を求める努力であり、その目的を達成するための一歩一歩の歩みを導くものです。「ハーフタイム」と「セカンドハーフ」は「主イエス・キリストの教え山上の垂訓に隠された『いのちの道の教えの言葉の体系』(the doctrine of the way to life)」と同質同等のものであることが導き示され、心より感謝します。

前半戦の歩みは、英国人社会、米国人社会、日本人社会、それぞれの社会的事情によって異なるかもしれません。しかし、「ハーフタイム」そして「セカンドハーフ」、人生の後半戦の歩みは、天の父なる神、主の前の歩みです。「ハーフタイム」そして「セカンドハーフ」の人生の後半戦の歩みに、英国人社会、米国人社会、日本人社会の相違はありません。天の御国を目差す歩みは、天の父なる神、聖書の神、主がお一人であられるのですから、全世界共通のものであります。本書を通し、英国人社会、米国人社会、そして日本人社会の相違点と共通点を見出されることを祈ります。

ボブ・ビュフォード氏は２０１８年４月、天に凱旋され、今は最愛の一人息子ロス君とともに地上に残された私たちのために祈っていて下さることを信じ、み名をあがめます。

著者紹介

ボブ・ビュフォード（Bob Buford）

1939年、オクラホマ州生まれ。テキサス大学オースティン校卒業、ハーバード・ビジネス・スクール・オーナー・マネジメント・プログラム修了。ビュフォード・テレビジョンCEOとして地元から全国規模のCATV企業へと同社を成長させた後、社会事業家に転身し、1999年に自社を売却。経営者時代から23年間ドラッカーが没するまで公私にわたる交友を続け、絶大な信頼を得る。その対話の触発からイノベーティブな教会リーダーを支援する「リーダーシップ・ネットワーク」をはじめ、「ピーター・F・ドラッカー NPO財団」「ドラッカー・インスティテュート」等、非営利組織の設立とマネジメント支援を行う。2018年没。

著書に『ドラッカーと私』（NTT出版）等多数あり、ドラッカー晩年の著作『非営利組織の経営』（ダイヤモンド社）ではフランシス・ヘッセルバインやフィリップ・コトラーとともに対談相手として登場し、「第二の人生としての非営利組織」について語っている。

訳者紹介

井坂康志（いさか やすし）

1972年、埼玉県生まれ。早稲田大学政治経済学部卒業、東京大学大学院人文社会系研究科博士課程単位取得退学、博士（商学）。現在、ものつくり大学教養教育センター教授。ドラッカー学会共同代表理事。著書に『P・F・ドラッカー――マネジメント思想の源流と展望』（文眞堂、経営学史学会奨励賞受賞）、訳書に『ドラッカー 教養としてのマネジメント』（共訳、マグロウヒル・エデュケーション）、『ドラッカーと私』（NTT出版）、『アメリカは内戦に向かうのか』（東洋経済新報社）等がある。

ハーフタイム
「成功」から「意義」へ人生をシフトする

2024年9月10日発行

著　者――ボブ・ビュフォード
訳　者――井坂康志
発行者――田北浩章
発行所――東洋経済新報社
〒103-8345　東京都中央区日本橋本石町1-2-1
電話＝東洋経済コールセンター　03(6386)1040
https://toyokeizai.net/

装　丁………竹内雄二
ＤＴＰ………アイランドコレクション
印　刷………港北メディアサービス
製　本………積信堂
編集協力……パプリカ商店
編集担当……渡辺智顕

Printed in Japan　ISBN 978-4-492-52240-0